U0689160

作家榜®经典名著

★ ★ ★ ★ ★ ★ ★ ★ ★

读 经 典 名 著 ， 认 准 作 家 榜

《作家榜名人传》

泰戈尔的故事

[印]泰戈尔 著

西 蒙 译

浙江文艺出版社
Zhejiang Literature & Art Publishing House

本书译自

美国纽约麦克米伦出版公司 1917 年版《泰戈尔回忆录》

目　录

第七部分

第八部分

附录

第一部分

每一片蓝色穹顶之后，

都栖息着天空的神秘。

1.
我的回忆录

　　我不知道是谁在记忆的帆布上作画，但不管是谁，他所画的是画。我的意思是说，他不仅仅是用画笔忠实地记录所发生的一切。他按照自己的品位，汲取或摈弃。他经常把大的缩小，小的放大。他毫不在意地把前景里的放入背景，或是把背景里的放入前景。总而言之，他是在画画，而不是在照写历史。

　　如此，"生命"的表象是一系列事件，而内在则被画成一系列图画。二者相互呼应，但不是一回事儿。

　　我们没有闲暇去细看内心的这间画室。有些部分时不时会吸引我们的目光，但绝大部分的场景蒙蔽在黑暗之中。为什么画家总是在忙于作画，他的画作将在哪家画廊展出——有谁知道呢？

数年前，有人问起我的往事，我曾偶尔探视过这间画室。我以为要讲述我的生命故事，只要挑选一小部分材料就会满意了。我推开门后却发现，生命的记忆并非生命的历史，而是一位名不见经传的艺术家的原创作品。四处散落的斑斓色彩并不是外界光线的折射，而只属于画者自己，发自内心，充满激情。留在画布上的证据，并不适用于法庭。

虽然试图从记忆的仓库里找到精确历史的努力是徒劳的，我却痴迷于浏览这些画作，仿佛中了魔一般。我们旅行时所走的路、路边休憩的庇护所，当时还尚未成为画作——它们太必要了，太明显了。然而，在走进黄昏的客栈之前，我们回顾那些城市、田野、河流和山丘，那些我们在生命的清晨所经历的，在正在消逝的暮光中，它们的确是画作。所以，当我的机遇来临时，我全神贯注地回顾往昔。

在我内心所引发的兴趣，仅是源于对自己过往自然而然的热爱吗？有些个人的情感——当然，肯定有——但那些画作也具有独立的艺术价值。我回忆起的那些事情，没有一件值得永久保留，但题材的质量并不是记录的唯一理由。一个人所真实感受的、如若能让其他人也有所感，对于他的同类来说常常是很重要的。如果回忆中的这些画

我们回顾那些城市、田野、河流和山丘，
那些我们在生命的清晨所经历的，
在正在消逝的暮光中，
它们的确是画作。

作能以文字成形，那么它们在文学中当占一席之地。

我所呈现的记忆画面，是文学材料。若认为我是在尝试写自传，那就错了。那样看待这些回忆，将毫无益处，也不完整。

2.

教育启蒙

　　我们三个男孩是一起长大的。两个同伴都比我大两岁。他俩从师时，我也开始受教育，但学过些什么全都没记住。我时常会想起，"细雨绵绵，叶儿轻颤"[1]。那时我刚做完铿锵有力的"Kala""Khala"这样的双音练习，就读到了"细雨绵绵，叶儿轻颤"。这是我读到的"原始诗人"[2]的第一首诗。每当那一天的快乐回到我心上时，即使是现在，我都会意识到诗歌为何如此需要韵律。由于韵律，词语结束，却仍未结束；表述过后，余音仍在回响；耳朵和心灵做着彼此抛掷韵律的游戏，乐此不疲。就这样，在我一生的回忆里，细雨绵绵，叶儿轻颤，

1　此句为孟加拉儿童初级读物中的韵语。

2　"原始诗人"，这里指中世纪时一位佚名拉丁文诗人，有十首诗歌传世。

循环往复，周而复始。

在我童年的初期，还有一段插曲我也印象很深。

我们有一个名叫卡拉什的老会计，就像家人一样。他特别有智慧，总是和老老少少每个人开玩笑；刚结婚的姑爷，新来的家庭成员，都是他特别的笑柄。人们怀疑，甚至在他死后，他身上的幽默都还在。有一次，家里的大人们尝试做与阴间对话的乩板。其间铅笔潦草地画出卡拉什的名字。人们问他在那边过得怎样，他什么也不肯说——"我以死才知晓的，你们凭什么能轻易得知？"

卡拉什为了讨好我，经常哇啦哇啦地给我念他自编的打油诗。诗里的主人公就是我，还有一位期待中的女主角会闪亮登场。我兴致盎然地听着，脑海里浮现一幅画面：新娘是一位绝世佳人，在未来的怀里端坐在宝座上，光彩四溢。她从头到脚戴着的珠宝，为婚礼所做的前所未闻的华丽准备，也许会让长者和智者摇头，但那些急促的韵律，以及摇摆的节奏，却让男孩感动不已，眼前浮现出精彩愉悦的画面。

这两样文学的快乐，至今还留在我的记忆里——还有那首经典的童谣："雨点滴答落，潮水涨上河。"

另一件我记得的事情，是我校园生活的开始。有一天，我看见我的哥哥，还有比我大一点的外甥萨提亚，两人出门去上学，而我因为年龄未到，被留在家里。我从没坐过车，甚至没离开过家。萨提亚回来后，大讲特讲他路上的冒险，让我觉得再不能待在家里了。我的家庭教师用切切言辞，以及一记响亮的耳光，试图让我醒悟："你现在哭着喊着要去上学，以后你会吱哇乱叫哀求让你回来。"这位家庭教师的名字、长相或是性格，我都不记得了，但他严厉的教诲，以及下手之重，我还都记得。这是我一生中听到的最准确的预言。

我的哭喊，让我还未到年龄便被送进了东方学校。在那儿学了什么，我都不记得了，但一种惩罚方式却令我记忆犹新：凡是背不出功课的孩子，都被罚站在条凳上，手臂伸开，手掌上托着几块石板。这种方式能否让孩子们更好地领悟，还是留给心理学家们去争论吧。我就是这样在小小年纪，开始了我的学校生活。

文学给我的启蒙，也开始于这个时期，开始于仆人经常传阅的书。其中最主要的，是被译成孟加拉文的考底利耶[1]的格言和克里狄瓦斯[2]的《罗摩衍那》。

---

[1] 考底利耶（约前4世纪），古印度政治家、哲学家，被后人称作"印度的马基雅维利"。

[2] 克里狄瓦斯（1381—1461），中世纪孟加拉诗人，将梵文《罗摩衍那》译为孟加拉文。

那天读《罗摩衍那》的场景，又清晰地回到我的记忆里。

那是个阴天，我在临街长长的阳台上玩耍。突然——出于什么原因我记不得了——萨提亚想要吓唬我，大喊道："警察！警察！"我对警察的职责，只有最模糊的概念。我只清楚一件事：某个人一旦被指控犯罪，落到警察手里，就会如同落入鳄鱼利爪的可怜虫一般沉下去消失。我不知道一个无辜的孩子如何才能逃脱这无情的刑罚。我蹿向里面的房间，后背簌簌发抖，唯恐警察在后面追赶。我把天降大祸告诉母亲，她却没受惊扰。我不敢再出去冒险，便坐在母亲的门槛上，读那本卷了边儿的《罗摩衍那》。书的封面是仿大理石纹的纸壳，书的主人是母亲的老姑妈。四周是延展的柱廊，围合起里面的方院，多云的天空投下淡淡的午后阳光。我的祖姑发现我正为其中一段悲伤的情节哭泣，便过来把书拿走了。

那天读《罗摩衍那》的场景，
又清晰地回到我的记忆里。

3.

内和外

我的幼年几乎不知奢侈为何物。那时的生活方式，总体来说，比今天简单许多。而且，家里的孩子们没有受到过度照料，完全自由。事实上，照料孩子对于监护人来说，也许是偶然为之，但对于孩子来说，却总是让他们烦心。

我们那时受仆人的管教。为了省事，他们几乎不让我们自由活动。但是我们不受娇惯，得了份自在，也就弥补了粗暴的受限。没有不断的娇生惯养，没有锦衣玉食，反倒让我们心智清醒。

我们的食物远谈不上美味，而我们的衣物清单，只会让现代孩童讥笑。十岁之前，无论用什么借口我们也不能穿鞋袜。天冷了，就在布衣上再加一件棉布外衣。我们却从没觉得自己贫困。只有当老裁缝尼亚玛特忘了给我们的束腰外衣缝上口袋时，我们才会抱怨，因为没有一个孩子会穷到兜里连一点儿零钱都没有。由于老天慈悲的分配，富裕家庭和穷人家的孩子，手里的钱并没有多大差别。我们每人有一双拖鞋，但不是总穿在脚上。我们习惯把拖鞋踢到前面去，追上去再踢，每走一步就狠狠踢一脚，让鞋子很不耐穿。

　　我们的长辈在衣食住行、谈话娱乐各个方面都离我们很遥远。我们有时能瞥见一眼，却接触不到。对于现在的儿童来说，大人们已经变得不值钱了，他们太容易接近，如同所有想要的东西。我们却从未轻而易举地得到过任何东西。很多小东西对于我们都是稀罕物，我们总是活在获得的希冀中，想着长大了，就能得到那些遥远的未来替我们保存的东西。结果就是，不管得到了多么细小的东西，我们都极其开心，从里到外，什么都舍不得扔。现在富裕人家的孩子，拿到吃的只啃一半。在他们的世界里，大部分东西都被他们浪费掉了。

　　仆人们住的房子在外院[1]的东南角，我们就在那儿消磨时光。其中有个仆人叫希亚姆，从库尔纳地区来的，黑黑胖胖的，一头鬈发。他会选个地方，用粉笔画个圈，把我放在里面，一脸严肃地举起手指警告我：要是

---

[1] 在那时，男性在房子的外院居住，女性在房子的内院居住。

出了这个圈就会有灾祸。究竟这恐吓的危险是确有其事，抑或只是吓唬人，我从未弄明白过，但我总是非常害怕。我在《罗摩衍那》里读到，悉多就是因为走出了拉克什曼所画的圆圈而遭遇苦难的，所以对这种可能性我不可能怀疑。

这间屋子的窗户下面是一个水塘，石头台阶直通水面；水塘西边是花园墙壁，墙边有一棵巨大的榕树；南边还有一排椰子树。我就被放在靠近窗口的这一圈里，透过画着威尼斯风景的百叶窗，整天望着窗外的风景，仿佛在看一本画册。一大早，邻居们就一个接一个跳进水塘洗澡。我知道每个人来的时间，熟悉每个人的特定洗法。某个人会用手指堵住耳朵蹲进水里，蹲够一定的次数就走了。另一个不敢冒险全蹲进水里，只是反复用打湿的毛巾在头上擦拭。第三个则会快速挥舞手臂，小心翼翼地把身边的脏东西赶开，然后猛地扎进水里。还有个人不做任何准备，直接从石阶顶上跳进水里。而另一个人则一阶阶慢慢走下去，同时还念叨着晨祷。有个人总是急匆匆的，一洗完就往家赶。另一个则不慌不忙，慢悠悠地洗澡，洗完还仔细按摩，再脱掉湿衣服，换上干净的，细致地把腰布的裙子整理好，再在外花园里绕一两圈，摘几朵花，才慢慢溜达回家，边走边享受着洗净身体的清爽。这场景一直持续到午后。然后洗浴的场所就没人来了，变得安静。只有鸭群整天待在那儿，游来游去寻找水蜗牛，或是梳理羽毛。

当寂静笼罩着水面时，我全部的注意力就会被榕树下的阴影所吸引。一些气根沿着树干爬下来，在根部形成一团蜷曲的暗影。似乎在这片神秘的区域，宇宙的法则并未莅临；仿佛古老世界的梦境逃脱了天神的看守，晃晃悠悠地走进现代的光天化日之下。在那里所看到的人，以及他们所做的事，我无法用明确的语言表述出来。关于这棵榕树，我后来写道：

> 缠绕的树根从你的枝上垂下来啊，古老的榕树，日日夜夜，你静静站立，像一位苦行者在忏悔。你还记得那个孩子吗？他的幻想与你的影子做着游戏。

唉，那棵榕树已不在了，那片水塘也不见了——它曾像一面镜子，映着这位庄严的树王！许多在水塘里洗过澡的人，也同榕树的影子一样被遗忘了。而那个孩子也已长大，那些散落在四周的树根，现在将他环绕起来。而他所计数的光明与黑暗的交替，穿透了往日的纠结。

我们不能走出家门，实际上，甚至不能进入家里的

你还记得那个孩子吗？
他的幻想与你的影子做着游戏。

某些地方。我们只能隔着栅栏，窥视自然。在我够不着的地方，有一种名为"外界"的无边存在，它有时会透过缝隙，用闪光、声音和香气来触碰我。隔着栅栏，它打着各种手势，想和我一起玩耍。但它是自由的，而我是受束缚的——没办法相会。因而这诱惑益发强烈。如今，那粉笔画的线已被抹去，而约束我的圆圈依然还在。遥远依然那么远，我依然无法够到外界。我想起长大后写的一首诗：

驯养的鸟在笼里，自由的鸟在林中，

时辰到来它俩相会，这是命中注定。

自由之鸟叫喊着："噢，我的爱，让我们飞到林中。"

驯养之鸟低语道："来这儿吧，让我俩共栖在鸟笼。"

自由之鸟说道："在栅栏里，如何能展开双翼？"

"唉，"驯养之鸟哭诉道，"在天上我不知何处栖息。"

屋顶凉台的护墙比我的头还高。当我长高了些以后，仆人的管制不那么严了，家里娶进了一位新娘子，我获准给她做伴，有时在中午的时候，我可以到凉台上来。那时家里人都已吃过午饭，家务事都暂时歇了。内院里一片午睡的寂静，潮湿的浴衣搭在护墙上晾着，乌鸦在院角丢弃的垃圾堆里啄食。在午休的静寂中，笼中的鸟就会透过护墙的缝隙，和自由的鸟喙对喙地交谈。

我会站在那儿凝望……我的目光首先会落在内院远侧的那排椰子树上。透过椰子树能看见星季花园里的小屋和水塘，水塘边是牛奶女工塔拉的牛奶屋；再远处，与树尖混在一起的，是加尔各答形状各异、高低错落的屋顶阳台，反射着晌午炫目的白光，一直延伸到东方灰蓝色的地平线上。很远处的几座房子，屋顶上那些通往阳台的台阶，看上去就像举起的手指，对我眨眼暗示着屋内的神秘。我就像一个乞丐站在王宫的门外，想象着锁在牢固房子里的稀世珍宝。这些未知寓所里，堆满的究竟是财富还是自由，我分辨不清。天际尽头阳光炽热，一只风筝细小尖锐的叫声传到我的耳边。一条小巷紧挨着星际花园，越过午休时静寂的房子，小贩的叫卖声起起落落……我整个人就从成日劳作的世界里飞走了。

我的父亲很少在家，他总是到处游历。他的房间在三楼，一般都是关着的。我把手伸进印着威尼斯风景的百叶窗，拨开门闩把门打开，躺在屋子南端的沙发上，一动不动，度过整个下午。这房间平时总是锁着的，再加上我是偷偷溜进去的，这就有了很浓的神秘感。朝向南边的阳台非常空阔，在阳光下一闪一闪的，让我陷入白日梦中。

我就像一个乞丐站在王宫的门外，
想象着锁在牢固房子里的稀世珍宝。

还有另外一件事吸引我。那时加尔各答刚开始有自来水，初期大面积的安装很顺利，甚至惠及印度住宅区。在自来水的黄金年代，我父亲在三楼的房间都有水。拧开水龙头，我偷偷地洗澡，满心欢喜——并不是因为有多舒服，而是可以随心所欲。自由的快感、担心被捉住的紧张，使得自来水管流出的市政水线仿佛快乐的箭镞射在我心上。

也许是因为和外界接触的可能性太小了，这种快乐更容易进入我心。当物质富裕的时候，心思就会变懒，把一切都交给物质，却忘记了要成功举办一场喜悦的宴席，内部的设备远比外部的更为重要。这是孩童时期要给人类上的首要一课。那时他能支配的东西又少又小，然而他并不需要很多就能快乐。那些担负着无数玩具的孩童，他们的游戏世界都被糟蹋了。

把我们的内院称作花园，就有些夸张了。那里有一棵香橼树，几棵不同品种的李子树，一排椰树。中间是石子铺的圆圈，缝隙里杂草丛生，肆意疯长。只有那些开花的植物，尽管无人理睬，也不肯死掉，继续无怨地履行它们的职责，对园丁没有任何怨言。院子的北角有个谷棚，家里有事的时候，内院的人偶尔在那里聚会。农村生活的最后痕迹现在都落败了，满心羞愧，无人留意。

不管怎样，我觉得亚当的伊甸园也不见得比我们的花园收拾得更好。他和他的天堂都是赤裸裸的，不需要物质的东西来点缀，只是自从他尝到知识树上的果子，又充分消化以后，人们对于家具和装饰的需求才开始持续增长。我们内院的花园，就是我的天堂，它对于我来说足够了。我仍清晰地记得，秋日清晨，我一醒来就会奔向那里。带着露水的清香草叶扑上来迎接我，清凉的晨曦，越过花园东墙悄悄瞄着我，下面的椰树叶子簌簌抖动。

房子的北边还有一片空地，如今我们称那儿为"谷仓"。这名字表明，很久以前，那里是个存储收获的谷米的地方。那时，如同襁褓中的兄弟姐妹，城市和农村到处都很相像。一旦有了机会，我就会跑去谷仓，如同过节一样。说我到那儿去玩耍，就不对了——不是玩耍，而是那个地方吸引我。为什么如此，我也说不清楚。也许是因为那片土地被遗弃了，躺在没有人迹的角落，吸引着我。它完全处在生活区域之外，没有丝毫用处。因为没用所以没有任何人去收拾，从没有人在那里种东西。毫无疑问，由于这些原因，这片废地对于孩子想象力的自由游戏来说，丝毫不是障碍。一旦有机会逃开监护人的看守，我就跑到那儿去，感觉就像过节。

家里还有一个地方，是我一直没找到的。和我年龄相仿的一起玩耍的女孩，把那里叫作"王宫"。"我刚去过那儿。"她有时告诉我。但不知怎的，她一直没有合适的机会带我去那儿。那儿是个美妙的地方，游戏和我们这里玩的一样精彩。我觉得那儿一定很近——也许就在一楼或二楼，可就是没能去过。我经常问我的玩伴："你只要告诉我，究竟是在家里面，还是在外面。"而她总是回答："不，不，就在这所房子里。"我就坐下想："会在哪儿呢？我难道不知道房子里所有的房间吗？"我从来不关心国王是谁，他的宫殿我到现在也没找到，但有一点很清楚——国王的宫殿就在我们的房子里。

回首童年时光，最常想到的是充满生活和世间的神秘。有些梦想不到的东西四处潜伏，每天最想问的问题就是：什么时候，噢，什么时候我们能去那儿？仿佛大自然把有些东西握在手里，笑眯眯地问我们："猜猜我手里有什么？"她什么都可以有，只是我们不知道而已。

我还清楚地记得，我曾在南边游廊的角落里，种下一粒番荔枝树的种子，每天都浇水。想到种子也许会长成一棵树，我心旷神怡。番荔枝树的种子现在依然会发芽，但我已不再有那种神奇的感觉了。问题不在于番荔枝树，而在于心态。有一回我们从一个年长的堂兄那里偷了几块山水石，自己建了一座假山。我们在石缝里种下的植物，由于过度照料，靠着植物的天性活了一阵子，最后都死掉了。这座小小的假山，曾带给我们无尽的欢乐与惊喜，言语无法形容。我们确信，自己的这项创作对于大人们来说也一样奇妙。有天我们想证实这一点，但很不幸，我们摆在房间角落里的石头和绿植都不见了。书房地板上不适合摆放假山——这条知识被如此粗暴而突然地传递给我们，让我们惊讶不已。石头的重量不再压在地板上，却压到了我们心上。我们意识到自己的幻想和大人的意志之间，有着巨大的鸿沟。

在那些日子里，世界生命脉搏的跳动与我们如此亲近！大地、水面、叶子和天空，都会和我们说话，而我们也不会置之不理。想到我们只能看到大地的表层，对深处却一无所知，我们常常会陷入深深的悲哀。我们一切的计划，都围绕着如何撬开它尘封的外壳。设想一下，如果我们能把竹竿一根接一根地捅进去，也许能触碰到大地的最深处。

过马格月[1]节时，为了支起天篷，会在外院立起一排木头柱子。马格月的第一天，人们就开始挖坑。准备

1　马格月，印度历十一月，公历一月至二月。

过节，对孩子们来说极为有趣。但挖坑于我有着特别的吸引力。虽然每年都会见到挖坑——坑越挖越大，直到挖坑人完全消失在里面。其实没什么特别的，招不来王子或骑士——然而每次我都觉得神秘的盖子即将被揭开。我觉得只要再挖深一点点，就能揭开的。年复一年，那一点始终没有被挖到。窗帘被拉动了一下，但没拉开。我认为大人们可以想做什么就做什么，为什么会满足于浅尝辄止呢？要是我们小孩子可以发号施令，大地最深处的神秘，就不会再闷在尘封之下了。

在每一片蓝色穹顶之后，都栖息着天空的神秘——这想法也会刺激我们的想象。当我们的老师用孟加拉语讲解科学入门课程时，告诉我们蓝天并不是围合的盖子，我们如遭雷击！"梯子上再架梯子，"他说，"一直往上爬，但你永远不会碰到头。"我觉得他一定是为了省下梯子，便高声喝问："要是我们架上更多、更多、更多的梯子，会怎样呢？"当我意识到架上再多的梯子也没用时便蒙了，呆呆地想着这个问题。当然，我得出结论：如此令人震惊的消息，只有世界学校的老师们才会知道！

第二部分

就像一只小鹿顶着新生的幼角四下乱撞，

我用刚刚萌芽的诗到处烦人。

4.
仆人统治

在印度历史上，奴隶王朝的统治时期可不是一个快乐的年代。回顾我自己所经历的仆人统治时期，没有任何荣耀或快乐可言。国王经常更换，而折磨我们的限制和惩罚的规章却一成不变。那时，我们在这个话题上没机会作理性的思考，我们的后背竭力承受着落在上面的击打。大的就是要打小的，而小的就是要挨打——我们把这作为宇宙的法则之一接受下来。很久以后，我才学到相反的真理：其实是大的要遭罪，小的是遭罪的根源。

猎物不会从捕猎者的角度去看待善恶。这就是为什么在开枪之前，机警的鸟儿警告同伴的叫声，会被责骂为不怀好意。当我们挨打时，打我们的人认为我们的哭号不礼貌，甚至会认为这妨碍了仆役的统治。我忘不了，为了有效地压制这种妨碍，我们的脑袋被按进盛满水的大水罐里。毫无疑问，我们的哭喊对于惩罚实施者来说是令人讨厌的，而且后果很可能令人不悦。

现在我有时会想，为什么仆人会如此冷酷地对待我们。我不承认我们的行为态度在整体上有什么不好，致使他们非得把我们隔离于人类的善意之外。真实的理由，一定是我们整个的负担都被甩给了仆人。即使对于最亲近的人来说，这整个的负担都难以承受。要是孩子们被允许跑来跑去地玩耍，满足他们的好奇心，事情就很简单了。如果非要把他们关在屋子里，让他们一动不动地待着，或是禁止他们做游戏，无法解决的问题就产生了。孩子的负担本来可以由孩子自己轻易地承担，却沉重地落在监护人的肩上——如同寓言里的那匹马，本可以靠自己的腿跑起来，人们却非要把它扛起来。虽然可以花钱雇人来扛马，但谁也阻止不了他们每走一步都想扔掉这负担。

对孩提时代绝大多数的暴君，我只记得他们的拳打脚踢，此外什么都想不起来了。只有一个人，会在记忆里凸显出来。

他名叫伊斯瓦，以前做过乡村教师。他有些拘谨，为人正派，说话平和，很有尊严。他觉得大地泥土气太重了，水太少无法保持土地足够清洁，所以他总是与肮脏作战。他会以闪电般的动作把水罐沉进水塘，以便能从没被污染过的深处取水。他在水塘里洗澡时，不停地撩开水面的脏东西，然后出其不意地钻进水里。走路的时候，他的右臂会直直地伸出去，与身体形成一个角度，让我们觉得他甚至无法忍受自己衣服的不洁。他全部的举止都透露出一种努力：要与瑕疵保持距离——那些瑕疵通过不设防的通路，进入土地、水和空气，继而进入人身体内。他一脸严肃，看起来深不可测。他的头微微偏着，声音低沉，说话总爱咬文嚼字。他的文学辞藻总是让大人们在背后取笑；他的一些高谈阔论，在我们家俏皮话节目中永远有一席之地。但我怀疑他的那些表述方式在今天是否仍然显得特别：文学语言和口语，在过去曾有天壤之别，而现在却很接近了。

这位前教师发现了一个办法，能让我们在晚上安静下来。每天晚上，他把我们聚在一盏破蓖麻油灯周围，给我们读《罗摩衍那》和《摩诃婆罗多》中的故事。有些仆人也会过来一起听。油灯把巨大的影子投在房梁上，小小的壁虎在墙上逮虫子，外面阳台上的蝙蝠一圈圈地疯跳着托钵僧舞。我们张大嘴巴，静悄悄地听着。

每天晚上，
他把我们聚在一盏破蓖麻油灯周围，
给我们读《罗摩衍那》和《摩诃婆罗多》中的故事。

我还记得有个晚上，我们听到俱舍和罗婆的故事：两个勇敢的孩子，威胁着要将他们父亲和叔叔的名声按到卑微的尘土里。灯光昏暗的小屋里，那份紧张的沉寂，因为迫切的期待都快要爆炸了。天很晚了，我们上床睡觉的时间就要到了，而结局还早着呢。

在这紧要关头，我父亲的老随从基肖里帮了忙，用达苏拉亚悦耳而轻快的诗句飞快地结束了这一章。克里狄瓦斯萨清柔缓慢的十四音节的颂歌印象被一扫而光，节奏和头韵的洪流让我们晕头转向。

有时候，读故事会引起对典籍的讨论，到最后就要靠伊斯瓦那聪敏智慧而深奥的说法来了断。他的地位比很多家庭成员都低，但就像《摩诃婆罗多》里的毕斯玛老爷爷一样，他的威仪会把他从低下的位置提升起来。

为了精确地记录历史，我不得不提，这位庄重而受人尊重的仆人有一个弱点，就是吸鸦片，这让他食量很大。所以，当他给我们送来牛奶杯时，他满脑子都是要喝的想法。要是我们稍微流露出一点对早餐的厌恶，即使要对我们的健康负责，他也不会强制我们吃下去。

对我们消化固体食物的能力，伊斯瓦也有些狭隘的见解。当我们坐下来吃晚餐时，一大摞脆饼会放在圆木盘里摆在我们面前。他小心翼翼地，从高处往每个盘子里扔几块儿脆饼，唯恐把自己弄脏了 [1]——就像是很不情愿的恩施，硬生生从神明手中抢夺下来，迅即而冷淡地把饼扔下来。接下来他会问是否需要再多给我们一些。我知道如何回答会让他最为感激，我要是再多要一份，他就会少吃一份。

伊斯瓦还受托管理采购每天下午小点心的零钱。每天早上，他会问我们想吃什么。我们若点些最便宜的，他会觉得最好，所以我们有时会要一小份爆米花，有时要些消化不了的煮豆子，或是烤花生。显而易见，伊斯瓦在饮食方面，并不像在典籍上那样严谨用心。

1　进食时，抓东西吃的手若碰到餐具之类的东西，会被认为是宗教仪式上的不洁。

5.
师范学校

　　在东方学校，我发现了一个办法，可以提升我作为学生的地位：在阳台的角落，我自己开了一个班。木头栏杆是我的学生们，我扮演老师，手握藤条，坐在学生面前的椅子上。我定好了哪些是好孩子，哪些是坏孩子——不仅如此，我还能明确区分出哪些安静，哪些淘气，哪些聪明，哪些愚笨。我总是用藤条抽打栏杆，假如它们有生命的话，肯定不想活了，宁愿去见鬼。在我的抽打下，它们越害怕，就越让我生气，直到我不知再如何惩罚它们才算个够。我是如何蛮横地统治那一班可怜的哑巴学生的，如今已死无对证。我的木头学生已被铸铁栏杆所代替，新的一代人没受过同样的教育——他们永远不会有相同的印象。

从那时起，我就体会到，领悟形式比领悟内容要简单得多。毫不费力，我就从老师身上学到了所有的性急、暴躁、偏心和不公平，其他什么也没学。唯一可告慰的，是我无力在任何有知觉的活物身上发泄野蛮冲动。不管怎样，我的这些木头学生和东方学校学生的差别，并没有妨碍我和那里的老师们在心理上保持一致。

我在东方学校待得不会太久，因为我进入师范学校时还不够年龄。我只记得一个特别之处：上课前所有的孩子要在走廊上坐成一排，唱某首歌或朗诵诗句——显然是要在每日乏味的惯例里加入些快乐成分。

不幸的是，那些语句都是英文，曲调也是外国味儿，我们一点都不明白这是在练习何种咒语，乏味又单调的表演也不能让我们快乐。但这丝毫不影响学校领导的洋洋自得，非要安排这个节目。他们认为丝毫没有必要去了解这种恩赐的实际效果，要是哪个孩子没有顺从、开心，他们很可能认为他是有罪的。无论如何，他们很满意所找到的这首歌，词曲都是从一本英文书上抄来的，书里提供的就是这种理论。

这段融化在我们嘴里的英文，只有语言学家搞得明白。我只记得一行：

Kallokee pullokee singill mellaling mellaling mellaling.

琢磨了半天，我只能猜到一部分原文。"Kallokee"是从哪些词变来的，我至今搞不明白。余下的我猜是：

full of glee, singing merrily, merrily, merrily![1]

我对师范学校的回忆，从模糊渐渐变得清晰，没有一点甜蜜。要是我能够和其他孩子接近的话，学习的痛苦也许不至于那般难以忍受，但这是不可能的——大多数孩子的行为习惯都很令人厌恶。所以课间休息时，我就跑上二楼坐在窗边，望着外面的街道。我会数着：一年——两年——三年——心想不知要这样熬过多少年头。

老师当中，我只记得一位，他的语言极其肮脏。因为看不起他，我坚定地拒绝回答他的任何问题。那年我一声不响，坐在他班上的最后一排，别的同学都忙碌着的时候，我被丢在一边，尝试着解决很多高深的问题。

我记得有一个问题，我曾深思熟虑过，就是如何不用武器战胜敌人。我到今天都还记得，在我想得出神的时候，同学们都在哼哼唧唧地背诵功课。只要我能适当地训练出一群狗、老虎或是其他凶猛的动物，在战场上排出几行，我想这就会成为鼓舞士气的前奏。有勇猛的

---

[1] 本句意为："高兴极了，欢快地、欢快地、欢快地歌唱！"

别的同学都忙碌着的时候，我被丢在一边，
尝试着解决很多高深的问题。

士兵作后盾，放出那些动物，胜利就会唾手可得。此战略简单精彩，随着这幅画面在我脑海里生动地展开，我方的胜利不容置疑。

当我还没开始工作时，我总会轻易地找到捷径；自打我工作以后，我发现艰苦的是真艰苦，困难的是真困难。这个当然不太舒服，但不像试图去寻找捷径带来的不快那样糟糕。

那一年的课终于上完了，我们要参加瓦查思帕蒂老师的孟加拉语考试。在所有孩子中，我得分最高。老师向学校领导投诉，说我的考试有作弊行为。所以我又考了第二次，校长就坐在考官边上。而这一次，我又考了第一。

6.
作诗

那时，我还不到八岁。乔迪是我堂兄的儿子，比我大不少。他刚开始读英国文学，很喜欢朗诵哈姆雷特的独白。他为什么会想起让我这样的孩子写诗，我也搞不懂。有天下午，他把我叫到他屋里，让我尝试写首诗，然后又给我讲了十四字诗的帕耶尔韵[1]的句法。

在那之前，我只读过印在书上的诗——没有用笔划掉的错误，看上去没有疑问，没有麻烦，或是任何人类的弱点。我从未敢想象，我能写出这样的诗歌，不管我怎样努力。

有一天，我们家抓了个小偷。虽然怕得发抖，在好奇心的驱使下，我还是冒险到现场去偷看了他一眼。我

1　帕耶尔韵，一种三节拍的韵律。

发现他不过是个普通人！看门人粗暴地收拾他，我感到他很可怜。对于诗，我亦有同样的经历。

当我满心欢喜地把几个词连在一起时，我发现它们变成了一首帕耶尔诗，我觉得以前对于作诗所持有的荣誉幻象消失了。所以直到今天，每当可怜的"诗"受到虐待时，我都会感觉很难过，就如同我为那个小偷难过一样。很多次我会怜悯他们，但又忍不住想出手去揍。小偷们很少吃过这么大的苦，被这么多人折磨。

初次的敬畏感消失之后，就再也没有什么能把我拉回来了。我想办法请我们房产管理员帮忙，弄到一个蓝色纸本。我自己动手，用铅笔打上格——尽管格子不大均匀。从此，我就开始用幼稚的大字写诗。

就像一只小鹿顶着新生的幼角四下乱撞，我用刚刚萌芽的诗到处烦人。我的哥哥更是如此，他以我的表演为荣，在家里到处找人来听我念诗。

我记得有一天，我俩刚从一楼的房产管理办公室出来，就碰上了《国家报》的编辑纳帕戈派·米特。他刚进门，我哥哥就赶紧拉着他说："您瞧，纳帕戈派先生，您不想听听拉比写的诗吗？"我马上就开始念了起来。

我的作品还编不成集。这个诗人可以把他所有的大作都揣在兜里。我一人兼了作者、印刷者，还有出版商我自己动手，用铅笔打上格——
尽管格子不大均匀。
从此，
我就开始用幼稚的大字写诗。

数职；我哥作为宣传者，是我唯一的同事。我写了几首关于莲花的诗，在楼梯下面，我用和自己的热情一样高亢的声音，为纳帕戈派先生朗诵了一遍。"写得好！"他微笑着说，"但'dwirepha¹'是什么？"

我不记得是从哪里学到的这个词。普通的名字也会很合韵，但是在整首诗里，我就对这个词最寄希望。这个词无疑感动了我们的房产管理员们。奇怪的是，纳帕戈派先生对此并不服气——相反，他竟然笑了起来！我敢肯定，他一定不是个善解人意的人。我再也没给他读过诗。我现在年长了许多，但始终无法提高我的测试能力，搞不清什么能让听众理解，什么不能。纳帕戈派先生可以微笑，但"dwirepha"这个词，就像一只喝醉了蜜的蜜蜂，粘在原地不动了。

---

¹ dwirepha，古语，蜜蜂。

7.
各种知识

　　师范学校的一位老师也在家里给我们上课。他身体瘦弱，面容枯槁，嗓音尖锐，看上去就像根棍子。他的上课时间是从早上六点到九点半。跟着他，从孟加拉语的流行文学和科学，一直到叙事诗《云使》，都是我们的阅读范围。

　　我的三哥特别热心于和我们分享各种知识，所以我们在家里所接触到的，比从学校课程能学到的多得多。天没亮我们就起床，围上腰布，与一位盲人摔跤手练上一两个回合。毫不歇息，我们又满身尘土地披上外褂，开始学习文学、算术、地理和历史。从学校回到家里，图画和体操老师已经在等我们了。傍晚，阿格尔先生来给我们上英文课。直到晚上九点以后，我们才自由。

　　星期天早上，我们上维什努先生的音乐课。几乎每个星期天，悉塔纳特·杜塔先生都来给我们做物理实验。我对最后这门功课很感兴趣。我清楚地记得，他把锯末放进玻璃瓶里，再加上水，放在火上烤，给我们看变轻了的热水往上走，而冷水往下沉，最后水开始沸腾，让我惊讶不已。还有一天我也特别开心，我学到水可以从牛奶中分离出来，煮牛奶时，奶会变稠，因为水分挥发走了。要是悉塔纳特·杜塔先生没来，星期天就不像星期天了。

另外还有一个钟头，由坎贝尔医校的一个学生给我们讲解人体骨骼的全面知识。教室里挂着一具用铁丝穿连在一起的骷髅模型，用于教学。最后还有段时间，塔特瓦拉特纳先生让我们死记硬背梵文文法。究竟是骨骼的名称还是语法家的"经文"更拗口，我也说不清楚——我觉得后者更难。

当我们的孟加拉文学习有了很大进步后，我们开始学习英文。阿格尔先生是我们的英文老师，他白天在医学院上课，所以晚上来教我们。

书上说，火是人类的最大发现之一。我不想就此争辩，但我会禁不住想，那些小鸟是多么幸运，因为它们的父母不会在晚上点灯。它们在清晨上语言课，你一定会留意到它们学起来是多么开心。当然了，我们不应该忘记它们不用学习英文！

我们的英文老师身体非常健康，他的三个学生合在一起的强烈愿望，都无法让他缺席一天。他只有一天没来，那是因为医学院里的印度学生和欧亚混血学生打架，有人拿椅子把他的脑袋砸破了，躺了一天。这件事令人遗憾，我们却没感到有什么难过的，反而觉得他恢复得也太快了吧。

傍晚，暴雨如注，我们的巷子里积水没膝。塘里的水淹进花园，一丛丛的木橘顶露在水面之上。在这个快乐的雨夜，我们开心极了，就像印度团花开出的香蕊。离老师该来的时间已经过去几分钟了，但还是不敢确定……我们坐在阳台上望着巷子，可怜巴巴地望啊望。突然，砰的一下，我们简直要晕倒了——那把熟悉的黑雨伞，在这样的天气里，还是出现在了街角。会不会是其他人呢？肯定不会！在外面偌大的世界里，也许会是和他一样固执的人，但在我们的小巷子里，只能是他。

整体回顾阿格尔先生给我们上课的时期，我不能说他是个严厉的人。他没用教鞭管制我们，他的指责也达不到责骂的程度。但不管有什么样的性格优点，他上课的时间是晚上，而教的又是英文！一个孟加拉男孩在学校上了一天苦不堪言的课，要是有谁接着点上一盏昏暗

那把熟悉的黑雨伞，
在这样的天气里，还是出现在了街角。

憋闷的油灯，来给他上英文课，即使是天使，也肯定会被认作是阎王派来的。

我清晰地记得，有一天老师想让我们感受英文的魅力，为此，他从一本书里选了几行——我们听不出那是散文还是诗——津津有味地朗诵起来。结果却大大出乎意料，我们特别无礼地爆笑起来。那晚他不得不让我们就此下课。他肯定意识到了，想让我们照他那样发音，绝不是件容易的事，至少要和我们干上几年。

阿格尔先生有时会把新鲜的知识带到枯燥乏味的教室里。有天他从口袋里掏出个纸包，说道："我今天给你们看一样造物主的杰作。"说着，他打开包装纸，拿出人体发声器官的部分模型，给我们解释起它们奇妙的原理。

我还记得当时这事给我带来的震惊。我之前一直以为是整个人在说话——从未想过说话的动作可以被这样割裂来看。不管那部分的结构有多奇妙，肯定比不上整个人。也许关于这件事我说得有些多，但这正是我难受的原因。也许就是因为老师看不见这个真相，尽管他热情洋溢地讲述这个课题，学生却无动于衷。

还有一天，他把我们带到医学院的解剖室。有个老妇人的遗体躺在桌上。这倒没让我怎么不安，但地板上的一只断腿却让我很不舒服。支离破碎的人体，让我感到很恐怖、很不安，许多天我都无法忘掉那只黑黢黢的、毫无意义的断腿。

读完了派瑞·萨卡的第一、二册英文读本，我们开始读麦克库洛克的读本。一天下来，我们精疲力竭，一心只想歇歇。这本书又黑又厚，全是难念的词，主题也说不上吸引人，因为那时候，知识女神萨拉斯瓦蒂还没有显示出母爱。儿童图书不像今日满是插图。更要命的是，每一课的起始，都站着一排文字哨兵，字母分开，禁止通行的重音符号如同瞄准的子弹，阻拦孩童的心灵进入。我曾不断地向它们密集的队伍发起进攻，但都无功而返。

我们的老师会提及其他聪明学生的成绩，以羞辱我们。我们的确感到惭愧，对那些学生也没什么好感，可这不能驱除那本黑皮书所带来的阴暗。

老天怜悯世人，在所有乏味的东西上都滴了催眠剂。英语课刚上没多久，我们就开始打瞌睡。往眼里泼水，或是在阳台上跑一圈，能稍微缓解下，但也维持不了多久。要是我大哥恰巧路过，瞧见我们困得东倒西歪的样子，就会让我们下课，那我们立刻就清醒了。

8.
我的第一次出行

　　有一次登革热症在加尔各答暴发，家族的一部分人躲到了查都先生在河边的别墅。我们也跟着去了。

　　这是我第一次出行。恒河堤岸仿佛前世的朋友般拥抱了我。在仆人住所的前面，是一片番石榴树。坐在阳台上的番石榴树荫里，透过树干间的缝隙，盯着流逝的河水，一天天就那么过去了。每天早上，当我醒来后，我都会觉得新的一天，就像一封新寄来的金边信笺，打开时就会听到全新的消息。唯恐少闻一丝香气，我赶紧上完厕所，直奔外面的椅子。每一天恒河潮涨潮落；各种不同的船只航行各异；树林的影子从西移到东；对岸树荫边上，金红的晚霞涌过夜空的胸怀。有些日子一大早就阴天，对岸的树林阴森森的，黑黑的影子掠过江面。然后暴雨就猛地下了起来，遮掉地平线。模糊的对岸在眼泪中不见了，河水咆哮着涨了上来，湿漉漉的风在头顶的树叶间肆意刮着。

我感觉自己穿墙越梁，在外面获得了新生。与新的事物交往，陋习的脏壳便从世界上掉落下去。我敢肯定，我早餐用来蘸凉饼的甘蔗糖浆，和因陀罗[1]在天堂痛饮的琼浆，味道是一样的。长生不老并不在于琼浆，而在于饮者，因此那些去寻找的人会错过。

房子后面有块地用墙围了起来，有片水塘，还有一道台阶从浴台通到水面。浴台的一边，是一棵巨大的蒲桃树，四周是各种很密的果树，水塘就静栖在树荫里。这小而安静的内花园蒙着一层面纱的美，与屋前河岸的辽阔截然不同。内花园就像是家里的新娘，幽幽地午睡着，躺在她自己绣成的花被上，低语着心底的秘密。很多个中午，我独自待在蒲桃树下，梦见水塘的深处就是可怕的冥王之国。

我对孟加拉的村庄很好奇。一簇簇的茅舍，草顶的凉亭，小巷和洗浴的地方，游戏和聚会，田野和市场，以及我所想象的整个生活，都极大地吸引着我。这样的一个村子，就在我们花园围墙的另一边，而我们却不能

1　因陀罗，古代神话中印度教的神，主管雷电。

内花园就像是家里的新娘，
幽幽地午睡着，
躺在她自己绣成的花被上，
低语着心底的秘密。

去那里。我们的确出来了，却并未进入自由之中。我们曾被关在笼子里，现在到了树枝上，但链子仍在。

有天早上，家里两位大人进村去溜达，我再也无法克制自己的热望，便悄悄地跟了出去，和大人们保持着一段距离。我走在笼罩在浓荫里的小巷里，两边种着茂密的带刺树篱，水塘边则覆满了绿油油的水草。这一幅又一幅的画面，让我狂喜不已。我还记得有个男人光着身子，蹲在水塘边上，用嚼过一头的树枝在清理牙齿。突然，我家大人发现了我跟在他们后面。"走开，走开，马上回去！"他们呵斥着，非常生气。我光着脚，没有披围巾也没穿袜子，这身打扮不适合出门。似乎这都是我的错！但我从来就没有过袜子，或是多件衣服。那天早上我非常失望地回去了，而且再也没机会改正我的缺点，再也没被允许出过门。但是，虽然身后的世界之门被关上了，前面的恒河却为我解除了所有枷锁，让我随时可以登上快乐驶过的船只，隐身到任何地图都没有标注的地方去。

这是四十年前的事了。打那之后，我再没去过素馨花荫的别墅花园。那座老房子，那些老树，肯定还在，但我知道肯定不一样了——那种新鲜奇异的感觉，如今的我，怎还能寻得到？

我们回到了城里乔拉桑科的房子。我的日子就好像一嘴又一嘴的饭，被咽进了师范学校打开的肚子里。

9.
练习写诗

那本蓝色的稿纸本很快就写满了，就像某种昆虫的窝，画满了各种斜线和深浅不一的笔画。急切的男孩作家很快就把书页揉皱了，边角也被磨破了，爪子似的卷了起来，好像要把里面写的内容牢牢抓住，直到最后，一页页地被慈悲的遗忘撕掉，扔进我也不知道的哪条忘川里。不管怎样，它们躲过了印刷社通道的痛苦，不必担心出生在这痛苦的世间。

人们把我称为诗人，我不能说自己是个被动的见证人。虽然萨卡里先生没教过我们班，但他很喜欢我。他写过一本关于自然历史的书——我希望那些居心不良的幽默的人，不会在书里找到他喜欢我的原因。有天他把我找去，问道："听说你写诗，是吗？"我没否认。打那时起，他时不时会给我两行他写的四行诗，让我把后面的两行续上。

我们的校长格宾达先生皮肤很黑，又矮又胖。他可是位高级督导。他穿一身黑西装，坐在二楼的办公室里，面前摊着账本。我们都很怕他，因为他就是手握锤子的法官。有一次我摆脱掉几个霸凌学生的注意，溜进他的办公室。迫害我的是五六个高年级的学生，我却没有证据——除了我的眼泪。但那场申诉我赢了。从那之后，格宾达先生的心里，一直为我留着一个温暖的角落。

有一天课间休息时，他把我叫到他的办公室。我战战兢兢地走进去，刚站到他面前，他就问我："听说你写诗？"我毫不犹豫地承认了。他让我写了一首关于高尚品德的诗，具体我记不得了。他能够提出这样的请求，其中所蕴含的谦逊和蔼，让他的学生非常感动。第二天我写好后交给他，他把我带到最高年级的班上，让我站在那些男孩面前。"朗诵吧。"他命令道。我便大声朗诵起来。

这首道德之诗唯一值得称道的一点，就是它很快被丢弃了。对那个班所起的道德效果，远不是鼓励——这首诗所引发的情感，也不是作者所考虑的。大多数人都认为那不是我写的。有个人说他可以拿出我所抄袭的原书，但没有人坚持要他这样做——对于那些愿意相信的人，验证的过程很烦人。到最后，追求诗名的人数惊人地急剧增加，而且他们所采用的方法，并未遵循提升道德之路。

如今，年轻人写诗并不是件新奇的事了。诗的荣光消失了。我记得那时有几个女诗人，被当作上天创造的奇迹。现在，要是听说哪个年轻女子不写诗，人们就会感到怀疑。早在读孟加拉文高级班之前，诗歌就萌芽了，所以现在不会再有另一个格宾达先生会留意我所讲述的诗才了。

第三部分

教学的主要目的不是解词释句，而是要叩心灵之门。

10.

斯里坎达先生

这个时期，我幸运地遇到一位听众——像他那样的人我再也遇不上了。他具有一种极其罕见的能力，什么都喜欢，因此完全不适合担任每月评论的批评家。这位老人就像一粒完美的熟透的阿方索芒果——没有一丝酸味，或是粗糙的纤维。他软乎乎的脸刮得很干净，头顶光秃秃的，形成一个圆，嘴里的牙都掉没了，笑眯眯的大眼睛总是亮闪闪的。当他说话时，嗓音柔和低沉，他的嘴巴、眼睛和手像是一起在说话。他属于古老的波斯文化教派，英文一个词都不懂。他形影不离的伙伴，是左手上的水烟袋、膝上的悉达琴和他喉咙里不停地流淌着的歌声。

斯里坎达先生不需要别人做正式介绍，他那颗和蔼之心自然而然会引起人们的注意。有一次，他带我们去一家很大的英国人开的照相馆拍照。他用印地语和孟加拉语掺杂在一起的语言，实实在在地讲故事，说他是个穷人，但特别想要拍这张照片，被感动的老板笑呵呵地给他打了折。英国商店从不还价，但斯里坎达先生那么天真，并没有意识到这有可能带来不快，没让人觉得有什么不合适。他有时还会带我去一位欧洲传教士的家里。在那里，他又弹又唱，爱抚传教士的小女儿，对传教士夫人穿着小靴的秀脚加以纯洁的赞美，让聚会的气氛非常生动。其他任何人都做不到。要是有人像他那样做出可笑的行为，会被认定很讨厌，而他坦率的天真让大家都很开心，被他的快活所吸引。

斯里坎达先生身上不带半点粗鲁或傲慢。曾经有一次，我们家请了一位有点名气的歌手。当歌手喝醉的时候，用很不好听的话挖苦斯里坎达先生的歌唱。先生不动声色地忍了，并不想还击。到最后歌手不断爆粗口导致被炒了鱿鱼，斯里坎达先生还急切地为他求情。"不是他的错，是酒的错。"他坚持说道。

他看不得任何人痛苦，甚至都听不得。要是有哪个孩子想折腾他，只需念一段维达亚萨加尔[1]的《悉多的流

---

[1] 维达亚萨加尔（1820—1891），孟加拉语作家、教育家、社会改革家。

在那里，他又弹又唱，
爱抚传教士的小女儿，
对传教士夫人穿着小靴的秀脚
加以纯洁的赞美，
让聚会的气氛非常生动。

放》，他就会十分难过，伸出两手来抗议，祈求孩子别再往下念了。

这位老人和我的父亲、长兄都是朋友——他好像跟每个人都是同龄人。就像每块石头都足以让流水环绕舞蹈，任何一件小事都会让他忘乎所以地开心不已。有一次我写了一首赞美诗，同时提及了人世间的磨炼与苦难。斯里坎达先生认为这首颂歌如宝石般完美，觉得我父亲肯定会欣喜过望。带着无限热情，他自告奋勇地把这首诗给我父亲看了。多亏我当时不在场，后来听说我父亲觉得很好笑——世上的忧伤那么早就感动了他的小儿子，居然写出诗来。我确信，校长格宾达先生要是看到我为如此严肃的主题所做的努力，肯定会表示更多尊重的。

在唱歌方面，我是斯里坎达先生的得意门徒。他教我唱过一首歌——《别再让我去维拉亚[1]》，还拉着我去每个人的房间给大家唱。我唱歌的时候，他就弹悉达琴伴奏，唱到合唱部分，他也会加入进来反复吟唱，挨个对每个人微笑点头，仿佛在鼓励他们更热情地欣赏。

他极其崇拜我的父亲。他把一首赞美诗编进他的

---

[1] 维拉亚，印度神话中毗湿奴神的第八化身克里希纳的游戏场。

一首曲子——《他是我们的心之心》。当斯里坎达先生给我父亲唱这首歌时，他激动地从椅子上跳起来，一边疯狂地弹着悉达琴，一边唱《他是我们的心之心》，然后在我父亲面前挥着手，把歌词改为"你是我们的心之心"。

这位老人最后一次来拜访我父亲时，我父亲已在钦苏拉的河边别墅里卧床不起了。斯里坎达先生那时也病得很重，没人搀扶的话已经站不起来了，看东西时要把眼睑拨开。在这种情况下，由他女儿照顾着，他还是从波布姆自己的住处赶来钦苏拉。费了很大劲，他拂去我父亲脚上的尘埃，然后回到他在钦苏拉的住所。几天后，他在那里咽了气。后来我听他女儿说，他去往永生时，嘴里还哼着："主啊，你的慈爱是多么甜蜜！"

11.

我们的孟加拉文课结束了

　　那时在学校里，我们在最高班级的下一个班。我们在家里所学的孟加拉文，比学校教的深多了。我们读完了阿克谢·达塔关于通俗物理的书，也读完了《云游》叙事诗。我们学物理时并没有和实际物理结合，所以这方面的知识只停留在书本上。实际上，我们的时间完全浪费了，尤其是对于我的心灵，还不如什么都不做。读《云游》对我们来说也不是件快乐的事。即使是最好吃的东西，要是扔到你头上，你也不会觉得好吃。用叙事诗来教语言，就好比用剑来刮胡子——剑不爽，下巴也难受。一首诗应该从感情出发来教；要是用它来冒充语法词典，肯定是不打算和知识女神萨拉斯瓦蒂好好相处了。

　　我们的师范学校生涯突然就走到了尽头。这里有个故事。学校的一位老师想从我们的图书馆里借一本书，是密特拉写我祖父的。我的侄子萨提亚——他也是我的同学，鼓足了勇气主动和我父亲提起这件事。我侄子觉得日常的孟加拉语肯定打动不了我父亲，于是他用心编了一套语法精确的仿古说词，却让我父亲感到我们的孟加拉文学得有些过头了。第二天早上，和往常一样，我们的书桌摆在南边阳台上，黑板挂在墙上，什么都准备好了，就等尼尔卡玛尔先生来上课了。父亲把我们三个叫到他楼上的房间。"你们不用再上孟加拉语课了。"他说。我们的心里乐开了花。

尼尔卡玛尔先生还在楼下等着，我们的书本摊开在桌上，他心里一定还想着让我们再读一遍《云游》。但就像在临终的床上，日常生活会显得不真实一般，片刻之后，每一样东西——不管是楼下的梵文专家，还是那枚挂着黑板的钉子——都如海市蜃楼一样消失了。我们唯一的麻烦，就是如何以相应的礼节，把这个消息告诉尼尔卡玛尔先生。我们最终还是非常克制地和他说了，黑板上的几何图形诧异地盯着我们，《云游》空洞的诗行呆呆地望着我们。

我们梵文专家的临别赠言是："出于责任，我也许有时对你们过于严厉——别记在心上。日后你们会知道我所教给你们的东西的价值。"

"你们不用再上孟加拉语课了。"

的确，我知道那价值。因为用我们自己的语言学习时，头脑就活泛起来了。学习，其实就应该和吃东西一样。在品尝到第一口美味时，胃还没装满就已被唤醒，开始充分分泌胃液。但要是用英语来教孟加拉文，这一切就不会发生。咬下去的第一口，就会把两排牙拧松——真的就像嘴里地震了一样。等他发现这口食物不是一块石头，而是可以消化的糖果时，他的大半生已经过去了。当一个人被拼写和语法噎得干咳时，肚里依然很饿，但最终品尝到味道时，胃口也没了。要是整个心灵不是从一开始就工作，那它所有的力量到最后也不会有所发展。当四下都叫喊着要学习英文时，我的三哥勇敢地坚持让我们上孟加拉语课程。向天堂的他致敬。

12.

教授

离开师范学校，我们就被送入孟加拉中学，一所欧亚混合的学校。我们觉得自己长大了，有了些尊严——至少进入了自由的第一层楼。实际上，我们在那所学校所取得的唯一进步，只是接近了自由。学校所教的，我们一点儿也不懂，也不想学，也没人关心我们学不学。学校里的男孩子们有些烦人，但还不至于令人讨厌——这已经让人很欣慰了。他们在手心写上"驴"，拍在你的后背上，还热情地说："你好！"他们从后面捅我们的肋骨，没事似的望着别处。他们把烂香蕉抹到我们头上，悄悄溜走。不管怎样，就像从烂泥中走出，踩上了石块——我们有些担心，但没被玷污。

这所学校对我有一个好处：绝没人认为我们这类孩子会用功学习。学校很小，收入也不足，因此仕学校管理方眼里，我们有一个最大的优点——按时交学费。这就使得拉丁语法也成不了绊脚石，即使我们犯了再大的错，后背也不会受伤。这绝不是出于怜悯——学校领导和老师们打过招呼了！

然而，尽管学校没什么害处，但毕竟是所学校。教室无情而沉闷，墙壁像警察似的看守着我们。房子更像鸽子笼，而不像住人的地方：没有装饰，没有图画，没有一丁点儿颜色，没有丝毫想吸引孩子心灵的努力。对事物的喜爱与否，会造就一个孩子的主要想法，但在这里根本无人过问这些。自然而然，穿过走廊进入狭窄的四方院子，我们的整个身心都感到很压抑——我们便总是逃课。

在这件事情上，我们找到了一个同谋。我的哥哥们有位波斯语教师，我们习惯叫他门悉。他是个中年人，瘦得皮包骨，仿佛一张黑羊皮蒙在骨架上，一点儿血肉都没有。他也许很懂波斯语，英语也很不错，但他的野心并不在这两样上。他确信自己棍术精湛，而另一个长项便是唱歌。他经常站在院子中间，烈日当头，做出一套稀奇古怪的动作——而他的敌手就是他自己的影子。无须多说，他的影子从未打败过他，最后他总会大喝一声，在影子的头上猛地一击，露出胜利者的微笑，影子老老实实地臣服在他脚下。他唱歌时鼻音很重，还跑调，听上去就像阴间传来的呻吟和呜咽。我们的音乐老师维什努有时会嘲笑他道："瞧你，门悉，你这样唱歌，会让我们把嘴里的面包都吐出来的！"而他对此只会轻蔑地一笑。

这就看出门悉喜欢听软话。实际上，只要我们想，就能说服他给学校领导写信，为我们请假。学校领导才不会费心思去细查这些请假信，从教育结果来看，我们上不上课都一样。

如今，我自己也开设了一所学校，孩子们各种淘气，因为孩子一定是淘气的——而老师们总是不依不饶。当我们有人对孩子们的行为感到不安，下决心要作出相应惩罚时，我自己上学时所犯的错就会排着队站在我面前，笑眯眯地看着我。

我现在看得很清楚：错误在于以成年人的标准来衡量孩子，而忘记了孩子如流动的溪水一样敏捷好动。因此，在这种情况下，对所有的不完美都不必大惊小怪，因为流动的速度本身就是最好的修正。什么时候停滞了，危险就来了。所以首先是老师——而不是学生，要意识到错误的行为。

学校里有一间单独的茶点室，是为了满足孟加拉孩子的种姓需求设置的。我们就是在那里和其他人交上朋友的。他们都比我们大。我要详细讲讲其中的一个。

他擅长魔术，甚至印了一本关于魔术的小册子，封面上印着他的名字，还加了个教授的头衔。我还从未遇见过一个学生的名字出现在印刷品上，所以我对他极其崇拜——我是说他作为魔术教授。我怎敢相信在横平竖直的印刷体中，会容纳什么可疑之事呢？能把一个人的言语白纸黑字地印出来，这是件小事吗？无羞无愧、自认不讳地站在世界面前，我们怎能怀疑这样至高的自信呢？记得有一次，我从一个印刷所里拿到我名字字母的字模，当把它涂上墨水印在纸上时，我感觉那是多么值得纪念的一件事啊。

我们经常请这位作家同学搭坐我们的马车，这样我们就有了交往。他演戏也很在行。在他的帮助下，我们在摔跤场上搭了个台子，用染了颜色的纸糊在劈开的竹篾架子上。但楼上的人断然反对，结果一场戏也没上演过。

然而到了后来，没有戏台，却演了一出关于误会的喜剧。剧作者我在这本书里已经向读者介绍过了。他不是别人，正是我的侄子萨提亚。你们看他如今恬静温和的样子，要是知道了他捣蛋时玩的那些把戏，肯定会大吃一惊。

他演戏也很在行。
在他的帮助下，
我们在摔跤场上搭了个台子，
用染了颜色的纸糊在劈开的竹篾架子上。

我要说的这件事发生在后来的某段时间——在我十二岁或十三岁的时候。我们的魔术师朋友说到了许多稀奇古怪的东西，我十分好奇，想亲眼见到。但他所提到的东西或是很罕见，或是来自远方，要是没有水手辛巴达的帮助，很难找到。有一次教授恰恰失了口，说起一些容易找到的东西。有谁会相信，一粒种子在一种仙人掌的汁液里浸泡再晒干二十一次后，居然能够在一小时之内发芽、开花、结果呢？我下定决心要试一下——教授的大名出现在印刷出来的书上，我对他的保证根本不敢怀疑。

我让园丁给我准备了大量牛奶似的仙人掌汁，一个星期天下午，在屋顶阳台我们的秘密角落里，用一枚芒果核来做实验。我聚精会神地忙于把芒果核泡湿再晒干，但成年读者肯定会等不及问我结果如何。同时，我不知道萨提亚在另一个角落里，已经在一小时内，让一株他自己创造的神秘植物生根发芽了，以后还会结出奇怪的果实。

做完实验那天以后，我逐渐感觉到教授在躲着我。他不愿和我坐在马车上的同一边，总想要避开我。

忽然有一天，他提议每个人从教室的条凳上往下跳。他说想要观察每个人不同的跳法。这种对科学的好奇对于一位魔术教师来说并不奇怪。每个人都跳了，我也一样。他摇了摇头，低低地哼了一声。不管我们如何追问，他都什么也不肯说。

另有一天，他告诉我们说他有几个好朋友想和我们交往，请我们陪他一起去那些朋友家。监护人没反对，我们就去了。屋子里的一群人似乎都很好奇。他们表示非常想听我唱歌。我就唱了一两首。我还是个孩子，不会像公牛那样叫喊。"嗓音真甜啊。"他们都这样认为。

当点心摆在我们面前时，他们围坐在一起，看着我们吃。我生来腼腆，不习惯和陌生人在一起，而且在仆人依斯瓦尔看护我的时期养成了习惯：胃口不大。我可怜的食欲似乎给他们留下了很深的印象。

在这场戏的第五幕，我从教授那边收到几封奇怪的信，口气很亲热。那些信揭示了所有原委，让幕布从此落下。

我后来听萨提亚说，当我用芒果核练习魔术时，他成功地让教授相信，我们的监护人把我打扮成男孩，是为了让我受到更好的教育，只是女扮男装而已。对那些为想象科学好奇的人，我应该解释下：据说女孩跳跃时，是把左脚伸到前面去的。在教授的实验中，我就是这样跳的。当时我丝毫没意识到，那是多么错误的一跳啊！

13.
我的父亲

　　我刚出生不久，我父亲就经常在外旅行。所以不夸张地说，我小时候几乎不认得他。他会时不时地突然回来，还带着外地仆人。我很想和他们交朋友。有一次他就这样带回了来自旁遮普省的年轻仆人，叫勒努。他受到我们的热烈欢迎，几乎和兰吉特·辛格[1]本人一样。他不仅仅是外地人，而且是旁遮普省的——他偷走了我的心，有什么奇怪呢？

　　我们对整个旁遮普民族，就像对《摩诃婆罗多》诗中的毗摩和阿周那[2]一样尊敬。他们是战士。如果有

1　兰吉特·辛格（1780—1839），他在印度旁遮普地区建立了锡克王朝，在当时可与英印统治比肩。

2　毗摩和阿周那，《摩诃婆罗多》中般度王的两个儿子，二人都英勇无比。

时作战失败，那显然也是敌人有错。在我们家里有旁遮普的勒努，真的很光荣。

我的嫂子有一只装在玻璃瓶里的军舰模型，上弦后，就会和着八音盒的叮叮声，在蓝色绸缎的波浪上起伏。我会苦苦哀求她把军舰借给我，把它的神奇展示给勒努，让他惊叹不已。

像我那样被关在家里，任何带有异域风情的东西，都对我有着特殊的魅力。这就是我如此喜爱勒努的原因。出于同样的原因，那个穿着刺绣长袍的犹太人加百利——他来卖玫瑰油和香膏，也让我心动不已。还有那些高高大大的喀布尔人，穿着沾满灰尘的肥裤子，带着背囊和包袱，也让我幼小的心灵感到害怕又着迷。

不管怎样，当父亲回来时，我们能在他周围走来走去，和他的仆人在一起，就很知足了。我们不能靠他太近。

有次我父亲去了喜马拉雅山。英国政府总拿来吓唬人的妖怪——俄军入侵，又一次成为惊慌失措的人们谈论的话题。有位好心的太太，把这逼近的危险添油加醋一番后告诉了我妈妈。而我作为一个孩子，怎么可能晓得俄国人会从哪条西藏的道路闪出，如同邪恶的彗星？

我母亲真的慌了。也许家里没有谁和她分担焦虑，指望不上成年人的同情，她就来寻求我的稚气帮助："关于俄国人的事，你不给爸爸写封信吗？"

这封带着母亲焦虑的信，是我写给父亲的第一封信。我对一封信该如何开头结尾一窍不通。我去找马哈南达，他是管物业的文书。最后写出来的信，称呼方式无疑是正确的，但在情感表达上，逃不掉管物业的文书的那种陈腐气息。

我收到了回信。父亲叫我不要害怕，说要是俄罗斯人来了，他会亲自把他们赶走。这份自信的承诺，似乎没有减轻母亲的忧虑，却消除了我对父亲的胆怯。从那以后，我每天都想给父亲写信，相应地总去麻烦马哈南达。受不了我的纠缠，他就拟出草稿让我去抄。我不知道寄信是要付费的，以为把信交到马哈南达手里，就会寄到，其他什么都不用担心。马哈南达比我大得多，所以不用说，这些信从未被寄到喜马拉雅山上。

外出很久之后，父亲回来住了几天。由于他的出现，整个家里都觉得沉甸甸的。我们看见大人们在特定的时间，规规矩矩地穿上长袍，迈着拘谨的脚步，一脸严肃地进入他的房间。谁要是嘴里嚼着槟榔，也会先吐出来。每个人都小心翼翼的。为确保不出错，母亲亲自去监督烹饪。那个拄拐棍的老基努，穿着白制服，裹上有顶饰的头巾，守在父亲门口，总是警告我们在父亲午睡时不

我不知道寄信是要付费的，
以为把信交到马哈南达手里，
就会寄到，其他什么都不用担心。

要在他门前的阳台上吵闹。我们走路静悄悄的，小声说话，甚至不敢往他屋里瞄一眼。

有一次，父亲回来给我们三个办圣线[1]仪式。在瓦当塔瓦吉施先生的帮助下，他特意准备了《吠陀经》的古老仪式。我们学习了好几天，以正确的发音来朗读《奥义书》选句。父亲安排我们以"婆罗门正法"之名，和毕查拉姆先生同坐在祈祷堂里。最后我们剃了光头，戴上金耳环，我们三个小婆罗门在三楼，做了三天灵修。

这真的太好玩了。耳环让我们很顺手就能揪住彼此的耳朵。在一间屋子里，我们找到一面小鼓，把它拿到阳台上，每当看到有仆人从楼下走过时，就会敲一下。仆人抬头往上看，但马上就会掉转眼睛缩回去[2]。总而言之，灵修这三天，我们可不是在苦思冥想中度过的。

我相信像我们这样的男孩，在古代隐士中并不罕见。要是某些古代经文上有记载，十岁的舍罗堕陀和十二岁的舍楞伽罗婆[3]用了整个童年，来供奉朗诵《曼荼罗经》，我们也没有必要深信不疑。因为《男孩天性》这

---

1 圣线，高等种姓的印度教徒佩戴的一根棉线。
2 在圣线仪式完成之前，非婆罗门看在仪式中的婆罗门是有罪的。
3 舍罗堕陀和舍楞伽罗婆，《沙恭达罗》中圣人干婆隐居时的两个徒弟。

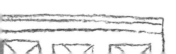

本书，更加古老，更加真实。

在正式成为婆罗门教徒之后，我很喜欢反复诵读《迦耶特里》[1]。我经常专心致志地默想这本书。这可不是一部在我那个年纪就能完全理解的经文。我清楚地记得我费了好大的劲，求助于"大地、苍天、天堂"，来扩展我的知觉。**我很难把所感知的清晰地表达出来，但有一点很清楚：弄明白词句的含义，并不是阅读时最重要的。**

教学的主要目的不是解词释句，而是要叩心灵之门。在叩门时，要是问孩子他心里有什么被唤醒了，他也许会说出一些很傻的话。因为内心所发生的一切，远多于他能用语言表达出来的。那些寄希望于大学考试，以此作为一切教育结果测试的人，是不会顾及这一事实的。

我能回忆起许多事情，虽然不明白，却被深深打动了。有一次，在我们河边别墅的屋顶阳台上，我的大哥望着密布的阴云，大声诵读迦俐陀婆的《云使》中的几节诗句。我连梵文的一个词都不懂，也不必懂，铿锵的音节，狂喜的朗诵，对于我就足够了。

还有，在能正确理解英文之前，我拿到一本有很多

---

1 《迦耶特里》，《梨俱吠陀》中的一首诗，每个婆罗门早晚祈祷时必须背诵。

插图的《老古董店》。**我把整本书读完了，虽然有十分之九的词我都不认识，但通过对十分之一的词连猜带蒙的模糊理解，我纺出一条彩色的线，把插图穿了起来。任何一个学校考官都会给我个大零蛋，但我对这本书的阅读并不是一无所得。**

另有一次，我陪父亲坐屋船去恒河旅行。他带的书里有一本胜天[1]的《牧童歌》，是以前福特·威廉版的，用孟加拉文写成，诗句没有分行印刷，而是和散文一样连下去的。我那时一点梵文都不懂，但因为我懂孟加拉文，所以很多词是熟悉的。我读了好多遍《牧童歌》，还清晰地记得这句：

那个夜晚是在孤寂的森林小屋里度过的。

它在我心里散开一种朦胧之美的氛围。那句梵文"孤寂的森林小屋"，对于我来说足够了。

我得自己找出胜天错综复杂的韵律，因为在这本书笨拙的散文印刷里，看不出诗的断句。这些发现给我带

---

[1] 胜天（Jayadeva），十二世纪梵文诗人，最著名的作品是叙事诗《牧童歌》，描述了克里希纳和他的配偶拉达之间的神圣爱情。

来极大的愉悦。当然，我没有完全懂得胜天的含义，甚至都不敢说我弄懂了其中的一部分。但那些读音和轻快的韵律，让我心里充满奇妙美丽的画面，让我把整本书都抄了下来，留给自己欣赏。

当我稍大了一些，读到迦利陀婆的《战神的诞生》后，同样的事情也发生过。有句诗深深地感动了我，虽然只是从只言片语中找到的感觉："微风带来神圣的曼达基尼[1]瀑布溅起的水雾，摇着喜马拉雅雪杉的叶子。"这让我很想品味全诗之美。后来有一位老师给我讲解了接下来的两行，微风继续吹着，"吹开了急切的猎鹿人头上的孔雀羽毛"。最后的想象如此无力，让我大失所望。要是我以自己的想象来接着写，会好很多。

无论是谁，回想起童年，都会同意他最大的收获并不取决于他是不是对事物完全理解了。我们的弹唱诗人就非常明白这个道理，因此他们的说唱，总是有一大部分是用来填满耳朵的梵文和深奥的言辞。它们只是用来暗示，而不是为了让普通的听众完全理解。

这类暗示的价值，连那些以物质得失来衡量教育的

---

[1] 曼达基尼，印度北阿坎德邦的一条河流，为恒河东源阿勒格嫩达河的主要支流之一。

人，也不能予以轻视。这些人坚持要把账目加在一起，精确计算出那些上过的课程，要挣多少才回本。但孩子们和那些没受过太多教育的人居住在原始乐园里，不需要理解每一步就能明白。只有当乐园失去以后，魔鬼之日才到来，那时每一种事物都必须被理解。不必通过可怕的理解流程就可以通往知识之路，才是正路。要是这条路被堵住了，虽然世界市场还可以正常运转，但辽阔的大海和山顶却是再也无法企及了。

所以正如我所说的，虽然以我当时的年龄无法理解《迦雅特里》的全部含义，但我的心不需完全理解就有所触动。记得有一天，我坐在教室一角的地上，冥想着经文，眼里流出了泪水。为什么会流泪，我并不明白。要是有人严厉地盘问，我也许会解释这与《迦雅特里》无关。这件事说明，在意识深处所发生的，并不总是为生活在意识表面的人所知晓。

14.
和父亲一起旅行

　　圣线仪式过后，我的光头让我极其焦虑。欧亚混血的年轻人，也许对和神牛相关的事情很敬重，但他们对婆罗门却是出了名的不尊重。所以除了其他的飞来物，我们的光头还会受到他们满是嘲讽的拍打。有一天当我正为这种可能性发愁时，我被叫到楼上父亲的房间里。"想跟我去喜马拉雅吗？"我被问到。离开孟加拉中学，去喜马拉雅！我喜欢不？我要大喊一声，把天都喊开，也许这样才能形容我有多喜欢！

　　离家的那天，父亲按照惯例，把全家人都召集在经堂，做了礼拜。我从长辈脚上捻起尘土后，跟着父亲上车了。有生以来，我第一次有了一整身新衣服。我父亲亲自选了衣服样式和颜色，还给我配了一顶金色绣花的丝绒帽，这样一身的穿戴都齐全了。我把帽子拿在手里，心里直发愁，担心这顶帽子戴在光秃秃的头上不好看。我一上车，父亲就要我戴上帽子，我只好戴上。等他的脸转向别处时，我就摘下来。每次我和他目光相对，帽子又得回到原位。

我父亲对他所安排吩咐的事情，都很认真。他不喜欢模棱两可、犹豫不决，绝不允许邋遢和迁就。他有明确的原则，来管理他和别人之间的关系。在这一点上，他与国人的通性不同。和其他人相处，这里或那里粗心一点无所谓；和他打交道，我们就得格外当心。他倒不是在乎多点还是少点，而是在意有没有达到要求。

父亲有个方法，把他要做的事的每个细节，都构想成一幅画面。每次节庆聚会，要是他不能参加，他也会想到每件东西应该放在什么地方，家里每个成员该负什么责任，客人坐在哪个位子——每一件事情都会考虑周到。等聚会结束之后，他会让每个人分别向他汇报，从而自己得出一个完整的印象。所以当我和他一起旅行的时候，虽然他并没有阻止我自娱自乐，但在其他方面，他给我规定了严格的纪律，一点漏洞都没有。

我们先在伯尔普停留了几天。萨提亚和他父母不久前曾到过那里。但凡有点自尊心的十九世纪的孩子，都不会相信他回来后讲给我们听的旅行故事。但我们不一样，没有机会学习分辨哪些是可能的，哪些是不可能的，我们读过的《摩诃婆罗多》和《罗摩衍那》没给我们一点线索。那时也没有带插图的儿童读物，来指导我们作为一个孩子应该如何去做。那些严厉又严谨的规则，都是我们头撞南墙后才学到的。

萨提亚告诉我们，除非非常熟练，不然上火车是件极其危险的事——稍微滑一下就全完了，而且每个人必须竭尽全力抓住座位，不然火车启动时的剧烈晃动，随时都可能把人甩出去。我们毫不费力地走进了车厢，但我还觉得最坏的事情肯定会发生，直到最后车平稳地开了，一点不像有什么危险。我很伤心，感到很失望。

火车开得很快，广阔的田野、青绿色分割地界的树林，以及树荫下安歇着的村庄，像一连串的图片一闪而过，渐渐模糊，仿佛海市蜃楼一般。到达伯尔普时，已是傍晚。坐上轿子，我就合上双眼，想把整个奇妙的景象保留下来，等晨光初醒时，再打开这画卷。我担心那清新的体验会被黄昏模糊不清的一瞥所损坏。

当我早起走到外面时，我的心激动得直哆嗦。比我先来的那位告诉我，伯尔普有一个特色，全世界其他地方都没有，那就是从主楼到仆人住所的路，尽管上面没有一点遮盖，人走过时却晒不到阳光，也淋不到一滴雨水。我着手去寻找这条神奇的路，读者也许不会惊讶，我直到最后也没找到。

我在城市里长大，从没见过稻田。我们读过牧童的故事，在我想象的画布上，画过一幅可爱的牧童画像。我听萨提亚说过，伯尔普的房子四周都是正在成熟的稻田，每天都可以和牧童在稻田里玩耍、拔稻、煮米、吃饭都特别好玩。我急切地四下张望，在这赤裸的荒地上，哪里有稻田啊？也许某地出现过几个牧童，但问题是谁能把他们和其他孩子区分出来呢！

然而没过多久，我就不再关心我所见不到的东西——光是我能见到的就足够了。这里没有仆人的管制，唯一绕住我的圈子，就是那蓝色的地平线，那是主管寂静的女神画出来的。在这圈子里面，我可以自由活动。

虽然我还是个孩子，父亲却一点儿都没限制过我的漫游。在沙土地的坑洼处，雨水冲出很深的犁沟，刻画出小小的山脉，其中满是红色沙砾和奇形怪状的小石子，细小的溪水穿流其间，展现出小人国的地貌。我从那里捡了很多各种形状的石子，兜在衣襟里带给我父亲。他从没看轻过我的劳动，恰恰相反，他还热情地夸我。

"真了不起！"他嚷道，"你从哪儿弄到的这些？"

"还有好多好多呢，成千上万！"我脱口而出，"我

火车开得很快，广阔的田野、青绿色分割地界的树林，以及树荫下安歇着的村庄，像一连串的图片一闪而过，渐渐模糊，仿佛海市蜃楼一般。

每天都可以带回来这么多。"

"那可太好了！"他答道，"为什么不用它们点缀我的小山呢？"

我们曾想过在花园里挖个水塘，但因为地下水位太低而放弃了，没完工，挖出来的土就堆了座小山。父亲经常坐在小山顶上做晨祷。在他面前，起伏的地平线一直延展到东方，太阳就从那里升起。他想让我用石子装点这座小山。

离开伯尔普时，我很难过，因为我不能带走我收集来的石子。至今我都很难理解，为什么不能仅仅因为我把东西收集在一起，就宣称一定可以和它们保持亲密的联系呢？如果我坚持不懈地祈求，而命运也应允了我，让我永远把这些石子带在身边，那么我今天就没有胆子来嘲笑这件事了。

在其中的一条沟壑中，我找到一块泉水满盈的洼地，里面游动的小鱼争着逆流而上。

"我发现了特别可爱的泉水，"我告诉父亲，"我们可不可以取来喝，或是用来洗澡呢？"

"可以啊。"他同意了，和我一样很开心，下令就从那里取水。

我在那些小小的山谷间漫游，乐此不疲，希望发现一些从未被人所知的东西。我就是这片未经发现之地的利文斯通[1]，仿佛把望远镜倒过来观察。所有的一切——低矮的枣柳树、野李树和蒲桃树，都和细小的山岭、小河、小鱼和谐相处。

也许是为了教我要谨慎些，父亲给了我一些零钱，并让我记账。他还让我负责给他贵重的金表上弦。他想培养我的责任感，并没有顾及损坏的风险。我们早上一起出去散步的时候，他让我把钱施舍给遇到的乞丐。可到最后，我总是不能给他正确的账目记录。有一次我账上的余额比他给我的还多。

"我真的要让你来给我做出纳了。"我父亲观察道，"看起来钱在你手里，会生钱。"

我孜孜不倦地给他的表上弦，以至于不久这块表就被送到加尔各答的表店去了。

我记得后来父亲指定我管理地产，在每月的头两三天，要把账目交给他。由于他的视力变差，我得把每条账目的总数念给他听。要是他对任何一项有疑问，就会询问细节。我要是企图掩饰过去，或是把某项他可能不

1　大卫·利文斯通（1813—1873），英国探险家、传教士，维多利亚瀑布和马拉维湖的发现者。

满意的条目隐瞒起来，一定会被发觉。因此每个月月初的那几天，我总是非常紧张。

我前面说过，我父亲有个习惯：把每件事情都清晰地记在脑子里——不管是账目数、仪式安排，还是资产的增加或更改。他从未见过伯尔普新建的念经堂，但他对它的每一个细节都了如指掌，每当有人去了伯尔普回来见他时，他都会仔细询问。他记忆力超群，一旦记住了某件事情，就绝不会忘掉。

父亲曾在他那本《薄伽梵歌》中，标记出他喜爱的诗句。他叫我把那些诗句，连同译文，一起抄下来。在家里的时候，我什么责任也不负，而到了这里，这些重要的事情都交给了我，我觉得非常光荣。

这时我已不再用那个蓝稿纸本了，而是拿到了一本装订的里特牌日记本[1]。现在我总是留意，让自己的诗作不会缺乏任何外表的尊严。这不仅仅是为写诗，还要把自己作为想象中的诗人表现出来。所以在伯尔普写诗的时候，我喜欢仰躺在小枣柳树下面。我觉得这才是真正写诗的方式。我就是这样在烈日下，躺在没铺草皮的硬地上，写了一首名为《普利色毗王之战败》的战歌。

---

[1] 里特牌（Letts）日记本，英国手账品牌，创立于 1796 年。

在伯尔普写诗的时候，我喜欢仰躺在小枣柳树下面。
我觉得这才是真正写诗的方式。

后来这本装订的日记本和上一册蓝稿纸本一样，都找不到了。

我们离开伯尔普，一路上在萨希普甘杰、迪纳普尔、阿拉哈巴德和坎普尔稍作停留，最后在阿姆利则停了下来。

路上发生了一件事，深深刻在了我的记忆中。火车在某个大站停了下来，检票员过来查票。他奇怪地看着我，似乎有什么疑问又不愿说出来。他离开了，又找了个同伴。两人在我们包厢门口磨蹭了一会儿，又走了。最后站长亲自来了，他看了看我的半票，然后问道：

"这孩子没过十二岁吗？"

"没过。"我父亲说。

我那时只有十一岁，但看上去比我的实际年龄大。

"您得给他买全票。"车站站长说。

我父亲的眼里闪现出怒火，但他没说话，从盒子里拿出钱递给站长。当他们找回零钱时，我父亲不屑地扔了回去。当时站长面红耳赤地立在那里，羞愧于他暴露的不良居心。

想起阿姆利则的金庙，仿佛做梦一般。好多个早晨，我陪着父亲到湖心的古鲁达巴尔寺，那里神圣的诵经声持续不断。我父亲坐在朝拜者中间，有时也会加入唱诵。

当朝拜的人们发现有陌生人加入礼拜时，会热烈地表示欢迎。我们回去的时候，口袋里装满了冰糖和其他献祭的糖果。

有一天父亲邀请一位诵经者到我们那里去，给我们唱几首他们的颂歌。那人对于报酬喜出望外，结果我们不得不加以严密的防守——那么多歌者持续不断地来侵扰我们。当他们发现不能进入我们的房子时，就在街上拦截我们。我们早上出去散步，路上时不时就会出现一把冬不拉琴，斜挎在肩膀上，让我们觉得就像鸟儿看到了猎人的枪口。的确，我们变得非常警惕，远远听到冬不拉琴的琴声，我们就会被吓跑，绝不会被装进猎人的口袋。

到了傍晚，父亲就会坐在外面的阳台上，对着花园。我会被叫去给他唱歌。月亮已升起，月光透过树枝照在阳台地板上，我用贝哈贾调唱着：

哦，最黑暗的生命旅途的伙伴……

父亲低头合掌凝神听着。我直到今天还记得这幅夜景。

我曾说过，父亲听斯里干达先生提到我那首颂神的处女诗作时，感到好笑。而我也同样记得，后来我得到了怎样的补偿。有一次过入冬月节，有几首颂歌是我写的。其中一首写道：

眼睛看不见你，
而你是所有眼睛的瞳仁……

我父亲那时在钦苏拉卧床不起了。他把我和哥哥乔提叫了去。他让哥哥用手风琴伴奏，让我把我写的颂歌一首首唱过，有几首还唱了两遍。

当我唱完后，他说：

"要是国王知晓这语言，而且能欣赏文学，他定会奖赏诗人的。既然不是这样，我想我必须来做这件事。"说着，他递给我一张支票。

我父亲随身带着几本彼得·帕利的书，从中选材来教育我。他首先选了本杰明·富兰克林的传记，作为开始。他原以为读这本书就像看小说一样，既有趣，又有意义。读了没多久，他就发现自己错了。富兰克林太像个商人了。他狭隘的经过算计的道德，让我父亲厌恶。在有些事情上，父亲对于富兰克林世俗的谨小慎微，感到非常不耐烦，常常用激烈的言辞加以斥责。

在这以前，我几乎没有接触过梵文，只背过几条梵文文法。父亲让我一开始就读梵文读本第二册，一边读一边学习变格。我的孟加拉语掌握得不错，这对我帮助很大。父亲还鼓励我用梵文练习初级写作。我用从梵文读本中学来的词语，组成夸张的复合词句，其中夹带了许多响亮的"m"音和"n"音，造出一种妖魔般的神仙语言。但父亲从未嘲笑过我的鲁莽。

同时我也读普罗科特的《普通天文学》，父亲用简单的语言给我讲解，我再用孟加拉文记下来。

父亲带着的自用的书里，最引起我注意的是十卷或十二卷本的吉本所著的《罗马史》。它们看上去十分枯燥。"作为一个孩子，"我心想，"我无能为力，读了那么多书，因为不得不读。但成年人，即使不读书也无所谓，除非他自己喜欢读。那他为何要自寻烦恼呢？"

15.
在喜马拉雅

我们在阿姆利则住了一个月，到了四月中旬，就向达尔湖西山出发。在阿姆利则的最后几天，似乎总也过不完，喜马拉雅对我的召唤实在太强烈了。

我们坐着轿子上山，春天的庄稼正在开花，山坡的台地一片灿烂，美不胜收。每天早上吃过牛奶面包我们就出发，日落之前，就在下一个驿站住下。我整天都瞪大了眼睛，生怕漏掉任何美景。山路转入峡谷，高耸茂密的森林越聚越紧，树荫下流出潺潺溪水，仿佛幽静之地的小女儿在冥想中的苍老隐士的脚下玩耍，嘟嚷着越过覆满青苔的黢黑岩石。轿夫们在这里放下重负，歇一歇。为什么，噢，为什么，我们要把如此景致留在身后？——我饥渴的心呼喊着——为什么我们不能永远留在这里？

这是初次目睹最有利之处：心里并不知晓还有更多

春天的庄稼正在开花，山坡的台地一片灿烂，美不胜收。

这般美景会出现。当不停计数的身体了解了这一切后，它便迅即留意，对探险的注意力开始有所保留。只有当头脑确信某样东西确实罕见时，它在估值上才不会吝啬。所以在加尔各答的街道上，我有时会设想自己是个异乡人，只有这样我才会发现有那么多可看的。如果不够留心，很多东西就错过了。那种想要真正看见的渴望，驱使人们到异乡旅行。

父亲把装现金的小盒子交给我保管。这些钱是他留作路上用的，没有任何道理会让他认为我是最合适保管的人。要是交给他的仆人基肖里保管，他肯定会觉得安全很多。所以我猜想他的目的是要训练我的责任感。有一天我们到达驿站后，我把钱匣落在桌上，忘了交给父亲，为此挨了一顿训斥。

我们每到一站停下来，父亲就让人把椅子摆到驿站外面，我们就坐在那儿。暮色降临，透过山区清冽的空气，星光奇异地闪烁，父亲指点星座给我看，或是给我讲天文课。

我们在巴克鲁达所住的房子，位于最高的山顶。虽然已近五月，还是寒冷刺骨，山坡背阴的一面，冬雪尚未融化。

即使在这里，父亲也毫不担心，让我随意游荡。我

透过山区清冽的空气，星光奇异地闪烁，
父亲指点星座给我看，或是给我讲天文课。

们住的房子下面不远处横着一道悬崖，上面长满了郁郁葱葱的喜马拉雅雪松。我经常一个人冒险出游，带着一根有铁尖的棍子。林木高大庄严，投下长长的影子，仿佛一群巨人矗立在那里——一个又一个世纪，它们活过了怎样无尽的生命！而几天前才来的这个孩子，居然在它们的树干周围爬来爬去，没有受到任何挑战。刚踏进森林的阴影，我似乎就感觉到冷冰冰的，它仿佛古老世界的一只蜥蜴，投在霉叶上的光斑和阴影恍如它的鳞甲。

我的房间是在房子的另一端。躺在床上，透过没有窗帘的窗户，可以看见远处的雪山在星光中微微闪烁。有时候，不知什么钟点，我半梦半醒地看到父亲围着红色的披巾，手里提着一盏灯，轻轻走上光滑的阳台，在那里静坐祷告。我又睡了一小觉，他在床边推醒我，天还没亮——到我背诵梵文变格的时间了。我从温暖舒服的毯子里钻出来，冷飕飕的可真难受啊。

太阳升起时，父亲已做完早祷。他和我一起喝过牛奶，我站在他身边，他会再次和神明沟通，唱诵《奥义书》。

然后我们出去散步。但我如何跟得上他呢？很多比我大的人都跟不上的！所以，片刻之后，我就放弃了，穿过山边小路攀爬回家。

等父亲回来后，我上一小时的英文课。十点过了，我会洗冰凉的冷水浴；要是父亲不同意，无论我再怎么恳求，仆人们连一壶热水也不会加。为了鼓励我，父亲告诉我他在年轻时，经常洗冰冷刺骨的冷水浴。

另一件苦差事是喝牛奶。我父亲很喜欢喝，而且能喝很多。不知是因为没有遗传到这种能力，还是因为我之前说到的不利环境，我对牛奶一点胃口也没有。但不幸的是，我经常要和父亲一起喝牛奶。所以我不得不求助于仆人，请他们怜悯我，发发善心。他们倒在我杯子里的一大半都是奶沫，这让我非常感恩。

午饭后又开始上课。这可真不是血肉之躯所能承受的。早觉本来就没睡够，现在瞌睡虫开始报复我了，我困得直打趔趄。父亲看到我可怜的样子，就会把我放了，我立马就不困了。紧接着，哈哈，我就跑山上去了。

我经常手里拿着根棍子，从一座山爬到另一座山，父亲也不反对。直到他过世，我从未见过父亲阻止过我们独立。有很多次，我的言行都很难让父亲接受，与他的品位和判断不符。他只消说句话，就可以阻止我，但他宁愿等着，让我发自内心自我收敛。他不愿我们被动地接受正确的规则，而希望我们满心热爱真理，他知道没有爱的顺从毫无意义。他还明白，若是迷失了真理，还可以再找回来，但要是迫于外界压力盲目地强行接受，就会挡住真理进入之路。

很年轻的时候，我曾有过幻想：坐着牛车，沿着大干路，一直旅行到白沙瓦。没一个人支持这个计划——出于实际考虑，不用说会有很多人反对。但当我和父亲提及此事时，他确信这是个很美妙的想法——坐火车旅行简直就不叫旅行！说到这里，他和我讲述起他自己徒步和骑马的冒险漫游。至于不舒服或危险，他却只字不提。

还有一次，我被任命为梵社秘书，我去了父亲在公园街的住处，告诉他说我不赞成婆罗门教徒在举行圣礼时，拒绝其他种姓的人参加。他毫不犹豫地表示，要是我能做得到，就可以修改这项制度。得到允许后，我却发现自己没有权力。我有能力发现不完善，却无法创造完善。那些人在哪里呢？我内心可以吸引合适之人的力量在哪里呢？我有办法在可能被破坏掉的地方重建吗？在那合适的人出现之前，任何形式都比没形式要好——我觉得这就是我父亲对于现存秩序的看法。但他并没有指出这些难点，没有让我泄气。

就像父亲允许我在山上随意漫游一样，在寻求真理上，他也让我自由选择我的路。他并不会因为我可能犯错而阻止我，即使我有可能遭受痛苦，他也不会惊慌。他举起的是标准，而不是教训人的棍子。我经常会和父亲说起家事。每当我收到任何家人的来信时，我都会跑去拿给他看。我确信只有通过我，父亲才会了解很多情况，从别人那里是绝对了解不到的。长兄们来信了，父亲也会让我读给他听。他用这个方法来教我如何给他写信。他非常看重外在形式和礼仪的重要性。

我记得有一次，二哥在信里用了些梵文词，抱怨他忙得不可开交。父亲叫我解释下那种情感。我按照自己的理解解释了，而他觉得换一种解释更合适。可我过于自信，一直和他喋喋不休地争辩。要是换个人，肯定会呵斥我闭嘴，而我父亲耐心地听我说完，再费心地向我证明他的观点。

父亲有时还会给我讲些好玩的故事。他有很多那个时代纨绔少年的逸事。当年有些公子哥，皮肤娇嫩，连达卡细麻布上绣的花边都嫌粗糙，非要扯下来。有段时期，这可是很时髦的事情。

头一次听到我父亲讲卖牛奶人的故事，可把我乐坏了。有人怀疑他往牛奶里掺水，就让好几个人来查看他是如何制奶的。查看的人越多，奶的颜色就越发青。直到最后，这个客户直接来找上门，让他给个解释。卖牛奶的居然公开说，要是再有人来查，他就让牛奶只适合给鱼喝。

和父亲待了几个月后，他让仆人基肖里把我送回家了。

第四部分

在海水的冲击下，

生命的血液快乐地涌过每一根血脉。

16.
回家

一直束缚着我的严厉统治的锁链，自打我离开家就彻底断开了。再次回到家后，我有了更多权利。在我看来，近在咫尺时无人问津，当我离开后，他们反倒想起了我。

还在回家的路上，我就预先品尝到受人尊敬的滋味。我带着仆人独自旅行，身体健康，精神饱满，戴着顶镶金丝的小帽，在火车上遇到的英国人，对我都很尊敬。

我回到家，不仅仅是旅行归来，还是从内院回到我应有的位置，从此不再受仆人的压制。当家里人在我母亲屋内集合时，我也有了荣誉的座椅。而家里最年轻的那位新娘子，也对我百般宠爱呵护。

婴儿不用要求就能得到女人的爱护，就如同光明和空气一样必需，婴儿只管接受，不会刻意做出反应；而成长中的孩子，经常会急切地展示出要自由，想摆脱女人关切的罗网。而可怜的我，在应该得到关爱的年纪却得不到，太缺爱了，这让我非常难过。在仆人角落被带大后，突然得到女人深厚的疼爱，我不可能没有深深的感触。

从前，当我远离内院时，那里是我想象的乐园——闺房，在外界看来是禁锢之地，对于我来说却是自由的场所，没有学校和老师，而且在我看来，每个人要是不喜欢干什么，就可以不干。那里隐秘的悠闲有点儿神秘的色彩，可以玩耍，可以随意而为，不必汇报自己做了些什么。特别是我最小的妹妹，虽然她和我们一起上尼尔卡马尔先生的课，但不管她的功课好坏，先生都不动声色。再有，十点之前我们必须赶紧吃完早饭，准备好上课，而妹妹却甩着小辫，毫不在意地走进内院，让我们心不在焉。

当那位新娘子挂着金项链来到我们家后，内院就更神秘了。她一个外来人，成为我们家庭一员后，尽管是外人，却又是自己人，这对我有着奇特的吸引力——我巴不得和她成为朋友。但每当我想方设法接近她时，我最小的妹妹就会推开我，说："你们男孩子在这里做什么——快出去。"受辱再加上失望，我马上逃走了。透过她们房间的玻璃门，偶尔可以窥到各色奇怪的玩意儿——陶瓷和玻璃制品——颜色和装潢都很绚丽。我们被认为连摸一下都不配，更鼓不起勇气开口要一件来玩。不管怎样，那些在我们男孩子眼里稀罕奇妙的物件，给内院又添加了一份吸引力。

多次遭拒之后，我和内院疏远了。对于我来说，内院和外界一样，都是接触不到的。内院给我留下的印象，就像一幅幅图片一样。

晚上九点过后，上完阿格尔先生的课，我进去睡觉。一盏昏暗摇曳的灯笼挂在走廊上，走廊很长，装着百叶窗，从外部通向内院。走廊的尽头转向一个四五级的台阶，灯笼照不到那里。走下台阶，我走到第一进方形院子的回廊。一道月光从东边天上照进阳台的西角，其余的地方一片黑暗。在月光照亮的地方，女仆们紧挨着蹲在一起，双腿分开，把废棉花搓成灯芯，小声聊着乡下的家事。很多这样的画面，深深地印在我的记忆里。

吃过晚饭后，我们在阳台上洗过手和脚，躺在宽敞的大床上。我们的保姆，婷卡里或是珊卡里，就会过来坐在床头，低声哼唱王子的故事，讲他是如何在孤寂的荒野里不停地游荡的。故事讲到结尾时，屋里一片寂静。我面对着墙，墙皮东一块西一块地剥落，看上去一

婷卡里或是珊卡里，就会过来坐在床头，
低声哼唱王子的故事，
讲他是如何在孤寂的荒野里不停地游荡的。

块黑一块白，在暗淡的光里一片模糊。我从中幻想出许多奇异的形象，接着便睡着了。半夜里，我有时似睡非睡，会听到守夜人斯瓦鲁普在阳台巡视的吆喝声。

新的秩序到来，内院的未知世界从前一直是我的梦想之地，我渴望着能得到认可，如今突然得到了它的厚爱。这种厚爱本应该一天天逐渐到来，却突然一下子连本带利都来了，我如何能不晕头转向呢？

小旅行家一肚子都是旅途上的故事，但每次都重复讲未免枯燥，故事越讲越松散，到最后都和事实对不上了。和别的事情一样，唉，故事越讲越陈腐，讲故事的人也没了颜面，所以他每次都要添加新鲜的色彩，以保持趣味。

从山上回来后，在我母亲阳台上的傍晚露天聚会上，我成了主讲人。在自己母亲眼里成为名人的诱惑，实在很难抵挡，这名声来得太容易了。在师范学校上学时，我在某本文摘上头一次看到太阳比地球大千百倍，我立刻就告诉了母亲，目的在于证明有些人看着小，却可能非常伟大。我有时也会把孟加拉语语法背给她听，其中包括诗的作法，或是修辞学选用为例子的诗句。如今在母亲的傍晚聚会上，我讲的是从普罗克特书上捡拾来的零星天文学知识。

父亲有个仆人叫基肖里，他参加过达萨拉提叙事诗弹唱团。我们在山上的时候，他经常对我说："噢，我的小弟[1]，那时要是你在我们团里，我们的演出该有多么精彩。"他的话给我展开一幅充满诱惑的画面，一个男孩儿作为乐手，四处漫游，又说又唱。在他演唱时，我学了很多首歌。大家很喜欢我演唱，胜过喜欢让我讲述太阳的光球，或是土星有很多颗月亮。

　　但我最能吸引母亲之处，在于我跟父亲读过圣人瓦尔米纪的梵文韵律的原文，而内院住着的人只能满足于克里迪瓦斯用孟加拉文翻译的《罗摩衍那》。当我告诉母亲我读过原文时，她惊喜万分，说道："给我读几段《罗摩衍那》的原文，读吧！"

　　可是，我所读过的瓦尔米纪的《罗摩衍那》，仅仅是梵文文摘中选录的一小部分，就连这我也没有完全领会。而且，如今回过头去看，我发现我的记忆欺骗了我，很多我曾以为理解的内容，都已模糊不清。但是当时母亲迫切地期待儿子展示了不起的才华，我没有勇气说"我忘了"，所以当我朗读时，瓦尔米纪的写作意图和我的解释之间，差距很大。这位善良圣人的在天之灵，一定

---

[1] 印度仆人称主人和主母为父亲和母亲，称主人的孩子为兄弟姐妹。

会饶恕这个孩子的胆大妄为——他太想求得母亲的嘉奖了。但是马都苏丹，摧毁骄傲之神，是不会饶过我的。

对于我了不起的成绩，母亲抑制不住她的欣赏，想让每个人都一起分享。"你一定要读给你的大哥听。"她说。

"这下可完了。"我心想，提出了各种能想到的理由推托，但母亲什么都不听。她把我大哥叫来，一见到他就迎着说："快来，听拉比读读瓦尔米纪的《罗摩衍那》，简直太棒了！"

非朗读不可了！但是马都苏丹发了慈悲，只用了一点削减骄傲的力量，就把我放过了。我大哥一定是正忙于写作时被叫来的，他并不想听我把梵文译成孟加拉文的朗读，我刚念了几行，他简单说了句"很好"，就走开了。

得到能够进出内院的地位后，我感到更难于继续学校的生活了。我想尽一切办法逃脱孟加拉中学，他们又试着把我送进圣夏佛学校，结果也没好到哪里去。

我的兄长们经过短暂的努力，对我彻底失望了——他们甚至连骂都不骂我了。有一天，我大姐说："我们都曾期望拉比能长大成人，但他太让我们失望了。"我觉得我的社会价值明显下降了。但不管怎样，我都无法下决心永远被拴在学校的磨上，与世隔绝，与美无缘，那里简直就是可恶残忍的医院和监狱的混合物。

有关圣夏佛学校，我至今还留存的清新而纯洁的记忆，是关于老师们的。并不是所有的老师都同样优秀。特别是我们班上的老师，我都不是特别服从——他们不过是学校里的教书机器。事实如此，这部教育机器强大残忍，再加上披着宗教外衣的石磨，年轻的心就这样被碾干了。圣夏佛学校就是这种动力驱动的石磨类型。但是，正如我所言，我留有的回忆，让我把那里老师的印象提升到了理想的水平。

这就是关于德皮尼兰达神父的回忆。他和我们没什么接触——要是我没记错的话，他只给我们班的一位老师代过一阵子课。他是西班牙人，说英语时有些口吃。也许是这个原因，让孩子们对他说的话都不太在意。我觉得学生们对他的忽视让他伤心，但他就那么一天天地忍着。不知道为什么，我很同情他。他其貌不扬，表情却对我有一种奇怪的吸引力。每当我望着他的时候，他的内心似乎总在祈祷，身心充满了深沉的平和。

我们有半个小时的时间临摹字帖。我手里握着笔，就会走神，脑子里东想西想。有一天，德皮尼兰达神父负责这节课，他在我们的条凳后面踱来踱去。他肯定不止一次注意到了，我并没有动笔。突然，他停在我的身后，俯下身轻声问道："你不舒服吗，泰戈尔？"这不过是个简单的问题，我却一直难以忘记。

我不知道其他学生对他印象如何，但我觉得他的灵魂很伟大。直到今天，我对他的回忆都仿佛是一本护照，能让我进入宁静之神的庙宇。

另外还有一位老神父，孩子们都喜欢，他就是亨利神父。他教高年级学生，所以我不太熟悉他。但我记得一件事，他懂孟加拉文。有一次他问尼拉达[1]——班上的一个学生，他名字的来源。可怜的尼拉达从不关心自己名字的来源，他根本就没想过，所以没有任何准备来回答这个问题。词典里满是深奥难懂的词语，但要是被自己的名字所难倒，就好比被自己的马车轧死，那就太可笑了。故而尼拉达脸都不红地答道："'尼'就是没有，'拉达'就是阳光。所以呢，'尼拉达'就是没有阳光！"

---

1 尼拉达，梵文"云"的意思，在孟加拉语中有另外的读音。

17.
家庭学习

　　吉安先生是维丹塔瓦吉先生的儿子，现在是我们的家庭教师。当发现无法让我把注意力集中在学校课程上后，他失望地放弃了努力，尝试了另一种方式。他带着我阅读迦俐陀婆的《战神的诞生》，边读边翻译。他还给我读《麦克白》，先把内容译成孟加拉文，然后把我关在教室里，直到我把这一天读到的都翻译成孟加拉文诗句。用这个办法，他让我翻译了整个剧本。我真庆幸把这部翻译稿弄丢了，这样我作业的负担就减少了许多。

　　拉姆萨瓦斯瓦的任务，是要保证我们的梵文进步。同样地，他也不再教不愿学的学生语法，因为没什么效果，他改为和我一起阅读《沙恭达罗》。有一天，他冒出个念头，要把我翻译的《麦克白》给维亚萨迦先生看，于是带着我去了他家。

拉吉克里许纳·穆克吉当时正在维亚萨迦先生家拜访，和他坐在一起。我进到这位伟大老师的书房时，心怦怦跳。书房里堆满了书籍，他容貌肃静，让我更加心慌。但不管怎样，这是头一回有如此贵客做我的听众，我心里求名的愿望极其强烈。回家时，我自信有理由兴奋。拉吉克里许纳先生只是劝诫我，女巫角色这部分所用的语言和韵律，要留意与普通人所用的不同。

在我少年时期，孟加拉语的文学很匮乏，不管读得懂还是读不懂，我觉得我一定是把当时的书都读了一遍。儿童文学那时还没自成体系，但肯定没对我造成什么伤害。现如今文学的花蜜掺了水，为了迎合年轻人，只顾及他们幼稚的一面，全然没考虑到他们正在成长。儿童书籍应该既有他们能懂的，也有他们不懂的。在我们小时候，我们一本接一本地读了所有能找到的书，不管懂还是不懂，都在我们心里起了作用。世界就是如此反映在孩子的意识中的。对于所懂的，孩子自己会吸收，而不懂的那些，会带着孩子前进一步。

当迪纳班都·米特拉[1]的讽刺文学出现时，我的年龄还不适合阅读它。家里一位女亲戚手里有一本，但不

---

[1] 迪纳班都·米特拉（1829—1873），孟加拉语剧作家。

管我如何祈求，她都不肯借给我看，总是把书锁起来。越是拿不到，我就越想看。我下定决心，无论如何要读到这本书。

有一天下午她正在打牌，肩上披着纱丽，而钥匙就系在纱丽的一端。我从来不关心打牌。实际上，我无法忍受牌局游戏。但那天我却丝毫没表现出来，而是非常热心地观战。最后，在一方就要赢牌的兴奋时刻，我抓住机会去解那串钥匙的结。我手脚不灵，再加上紧张忙乱，结果被捉住了。主人笑着把纱丽和钥匙取下来放在腿上，接着玩牌了。

然后我突然想出一条妙计。那位女亲戚喜欢嚼槟榔，我赶紧在她面前放了一些。后来她起身吐掉槟榔渣时，钥匙从腿上掉下来，她便把纱丽重新搭回肩上。这回我偷到了，赶紧逃掉。书读到啦！书的主人本想责骂我，但没成功，结果我俩都笑了。

拉仁德拉尔·米特拉[1]博士编辑过一本带插图的杂文月刊，我三哥的书架上有一份全年合订本。我想办法拿到了这份合订本，读了又读，至今还能想起阅读时的喜悦。很多个假日的午后，我仰躺在床上，这本四四方

---

[1] 拉仁德拉尔·米特拉（1822—1891），印度历史学家。

方的合订本架在我胸前，我读着独角鲸的介绍，或是卡齐[1]的诡异断案，或是克里虚纳·库玛里的浪漫故事。

为什么现在我们不再有这类杂志了呢？一方面，我们有哲学和科学的文章，另一方面有枯燥乏味的故事和游记，但就是没有让普通人可以愉快阅读的质朴杂志——比如英国的《钱伯斯》《卡塞尔》或是《斯特兰德》——可以让大众读者简单而愉悦地阅读，能最大限度地为最多的人提供用途。

在我年轻时，还看过另一本小型期刊，叫作《愚人之友》。我在大哥的书房里找到了按月收集的杂志。我就坐在他书房的门槛上，朝南面对着阳台的一角，一天天贪婪地读起来。就是在这本杂志上，我头一次读到维哈里拉·查克拉瓦蒂[2]的诗作。在我当时所读到的诗作中，他的诗最吸引我。他的抒情诗里朴实无华的笛音，唤醒了我心中田野和森林湿地的音乐。

在这些书页里，我也为《保尔和薇吉妮》[3]的译文流过很多眼泪。那美妙的大海边，微风轻摇着岸上的椰林，

1　卡齐，伊斯兰教的法官。

2　维哈里拉·查克拉瓦蒂（1835—1894），孟加拉语诗人。

3　《保尔和薇吉妮》，法国作家贝尔纳丹·德·圣皮埃尔（1737—1814）的代表作，男女主角青梅竹马，坠入爱河。

很多个假日的午后，我仰躺在床上，
这本四四方方的合订本架在我胸前，
我读着独角鲸的介绍，
或是卡齐的诡异断案，
或是克里虚纳·库玛里的浪漫故事。

林外的小山坡上，山羊活泼地跳跃嬉戏——这一切都是在加尔各答的屋顶阳台上幻想出来的新鲜愉悦的海市蜃楼。啊！多么浪漫的求爱，在荒岛的林间小路，在孟加拉小读者和小薇吉妮之间，她头上戴着多彩的围巾！

然后就是班吉姆[1]的《孟加拉大观》，像风暴一般席卷了孟加拉人的心。要等着下月的刊物出来已经够苦的了，还要等家里兄长们都看完，才轮到我看，真让人受不了！如今只要想读，我可以一口气读完整本的《钱德拉谢卡尔》或者《毒树》，而当年却要月复一月地等待与期盼。每次短暂阅读时我心中都涌起狂喜，然后要经过漫长的等待，把每期的故事在心头反复回想，再接着等下一期。满足与期待交织在一起，如焚的好奇与平息，这些阅读期刊原作时拉长的喜悦，如今再也品味不到了。

萨拉达·米特和阿克谢·萨卡编辑的古诗刊，我也很感兴趣。我的兄长们订阅了这本刊物，但不怎么读，所以我不难拿到手。维德亚帕迪的古怪腐朽的麦提立语言，因为难以理解，尤其吸引我。我尝试着不去看编者的附注，而去理解他。一旦读到生僻的词语，连同上下文，我都一并抄在我的笔记本上，根据我的理解记住语法特点。

---

1 班吉姆（1838 1894），印度著名作家。

18.
我的家庭环境

我青年时代享有的一大优势，是家里充满浓厚的文学和艺术氛围。我记得小时候常倚在阳台栏杆上，从那里可以望见一座独立的建筑，里面是用来接待的房间。每到傍晚，那些房间都会被点亮。华丽的马车一直进到门廊下，宾客来来往往，络绎不绝。我不太知道发生了什么，只是站在黑暗中一直盯着那一排排的窗口。虽然相隔不远，但那些灯火对于童年的我来说却遥不可及。

我的堂兄迦南德拉刚拿到塔卡拉特纳[1]先生的一个剧本，准备在家里演出。他对文学和美术无比热爱。他是团队的核心人物，刻意从各个方面引进我们今天所见的文艺复兴。在服装、文学、音乐、艺术和戏剧方面，

---

[1] 塔卡拉特纳（1822—1886），孟加拉著名剧作家。

华丽的马车一直进到门廊下，
宾客来来往往，络绎不绝。

一种明显的民族主义在他和他周围人的心中觉醒。作为一名学生，他对各国历史有着浓厚的兴趣，还用孟加拉文写了一部历史著作，但没有写完。他翻译并发表了梵文戏剧《优哩婆湿》，许多有名的颂歌都出自他的手笔。可以说在创作爱国的诗与歌方面，他引领了我们。当"印度教徒协会"还是个年会组织的时候，会上就会唱起他那首《歌唱印度的荣光我羞愧难当》。

在我还是个孩子时，年纪轻轻的迦南德拉堂兄就过世了。但那些见过他的人，都不能忘记他的英俊高大、仪表堂堂。他具有令人无法抵抗的社交影响力，能把人们吸引到他身边，并能一直留住他们。有他强大的吸引力在那里，他的组织根本不会发生分裂。他是我们国内很特别的一种人，依靠个人的吸引力，轻而易举地成为家庭或村庄的核心。在任何其他国家，要是形成大规模的政治、社会或商业组织，这类人就会很自然地成为民族领袖。把很多人组织进大型社团，需要一种天才特有的能力。这样的天才在我国都被浪费了，太可惜了，我认为这就如同把天上的星星摘下来当火柴用了。

我记得更清楚的是他弟弟，我的堂兄古南德拉。他也总是让家里充斥着他的个性。他心胸宽广仁慈，一视同仁地欢迎亲戚、朋友和家属。在他宽大朝南的阳台、泉边草地，或是池边的钓鱼台上，他总在主持不请自来的聚会，简直就是殷勤的化身。他对艺术和才子的欣赏，让他总是散发出热情的光芒。有关节庆、游戏、戏剧或是其他娱乐的新颖想法，他总会爽快赞助。在他的帮助下，这些想法都能开花结果。

那时我们年纪太小，根本不能参加这类活动，但他们的欢声笑语如潮水般冲击着我们的好奇。记得有一次，我大哥写了一出讽刺剧，在堂兄宽敞的客厅里演练。我们在这边阳台上倚着栏杆，透过对面打开的窗户，听到一阵阵欢笑，夹杂着好笑的歌声，时不时还能看见阿克谢·马祖达绝妙的滑稽动作。我们听不清他们唱的是什么，但满心期待有一天能够弄明白。

我记得有件微不足道的小事，让我赢得了古南德拉堂兄特别的好感。我在学校从没得过奖，除了一次品行优秀奖。我们三个人当中，侄子萨提亚功课最好。他有一次考试成绩很好，得了一个奖。到家后，我从马车上一跃而下，把这条重大消息告诉了正在花园里的堂兄。"萨提亚得奖了。"我边跑边告诉他。他微笑着把我拉到膝前。"你没得奖吗？"他问道。"没有，"我说，"我没得奖，是萨提亚。"我为萨提亚的成绩感到由衷的高兴，似乎特别让堂兄感动。他转向朋友们聊着这件事，说这是很好的品质。我记得很清楚，当时我觉得莫名其妙，因为我根本就没这么想过。因为没得奖反而得了嘉奖，对我什么好处也没有。给孩子们礼物无碍，但不应该给孩子回酬，让年轻人难为情就不好了。

吃过午饭后，古南德拉堂兄会来物业管理办公室，就在我们房子这边。长辈们的办公室就像个俱乐部，大家自在地笑着聊着，间或也说说业务。我的堂兄经常在长椅上靠着，我会找机会靠近他。

他常给我讲印度历史故事。我还记得，当听到克里夫在印度建立了英国统治，回到家中就把自己的喉咙切开时，我大吃一惊。故事一方面书写了新的历史，可另一方面，人心神秘而黑暗，隐藏着悲剧的章节。外表辉煌成功，内心怎会如此悲恸失败？整整一天，我心里都沉甸甸的。

有些日子，古南德拉堂兄一定要知道我口袋里装着什么东西。一经鼓动，我毫不羞愧地掏出了我的手稿本子。不用多说，我堂兄可不是个严厉的批评家，实际上，他所表达的意见，可以作为极好的广告。不管怎样，要是我的稚气在诗中表现得过于明显，他就会忍不住哈哈大笑。

有一天，在一首题为《印度母亲》的诗中，有一行诗的尾韵，我唯一能想到的字是"车"，我就硬把"车"用上了，尽管连条路的影子都没有，根本无法合理地让"车"出现——只是非得押韵不可，根本没有任何合理的解释。古南德拉堂兄听到这里时，爆发出一阵暴风般的大笑，把无路可通的"车"吹了回去。这首诗从此再没被提起过。

我大哥那时忙着写他的杰作《梦之旅》。他的坐垫放在南边阳台上，面前摆了张小桌子。每天早晨，古南德拉堂兄会过来坐上一会儿。他无与伦比的喜悦仿佛春日的微风，有助于诗歌发芽。大哥每写一段，就会朗诵出来，他为自己所创造的幻象欢笑，阳台都跟着颤动。大哥写出来的，比定稿时所选的要多得多。他写诗的灵感极为丰富，就像过于繁茂的芒果小花，在春天的树荫下铺了一层毯子。《梦之旅》撕弃的稿纸扔得满屋子都是，要是有人把它们都保留下来的话，肯定会是装点孟加拉文学的一篮鲜花。

在门外偷听、在角落偷看，我们也全程参与了这场诗歌盛宴，它是如此丰盛，足以分享。那时大哥正处于才华的顶峰，他的笔下涌出滔滔不绝的诗歌幻象、韵律和表达的洪流，喜悦的胜利欢歌盈满并溢出两岸。我们是否充分理解了《梦之旅》？但在当时，我们是否需要

大哥每写一段，就会朗诵出来，
他为自己所创造的幻象欢笑，
阳台都跟着颤动。

完全理解才能欣赏它呢？我们也许没采到海洋深处的珍宝——即使采到又如何呢——但我们在岸边为海浪的喜悦而欢庆，在海水的冲击下，生命的血液快乐地涌过每一根血脉。

越是回想那段时光，我就越是意识到，我们再也没有那种不请自来的非正式聚会了。童年时，我们见证了上一代特有的密切交往的余晖。那时候乡邻的感情如此强烈，自发的聚会是必需的，而那些对社交有所贡献的人，极受欢迎。如今人们只为业务彼此拜访，或是将社交当作社会义务，而不是以自发聚会的方式交往。他们没有时间，也不具备那样亲密的关系！我们从前所见的，都是怎样的交往啊：嗡嗡低语，笑声断续，房间和阳台都充满了欢乐！长辈们作为团体聚会的核心，闲聊开场，并让谈论一直保持生动有趣。如今这一切都消失了。现在人们继续来往，而这些阳台和房间却显得空荡荒凉。

在那些日子里，每一样事物，从家具到欢宴，都是为很多人享用而设计的，无论有多豪华精致，都没有一丝傲慢的意味。这些附属品后来在数量上增多了，却没有人情味了，也不懂让高低贵贱都一样宾至如归的艺术。那些赤裸的、衣衫不整的，未经允许都不再有权使用它们，而过去只凭一张笑脸就可以。现如今我们盖房子或选家具所要模仿的那些人，他们有自己的社会圈子，也极为好客。我们的痛苦在于失去了原有的，却无法以欧洲标准重建，结果就是家庭生活变得死气沉沉。出于业务或政治原因，我们依然聚会，但不再为了彼此见面的快乐而聚了。我们不再仅出于对同胞的热爱而找机会把人们召集起来。我实在想不出比啬于社交更丑恶的事情了。回忆起那些人发自心底的爽朗笑声，总是能减轻我世俗的重负，现在我觉得他们仿佛来自另一个世界。

19.
文学之友

我少年时期有一位朋友，他对我在文学上的进步帮助极大。阿克赛·乔杜里是我四哥的同学。他是文学硕士，对英国文学极其热爱，而且精通。另一方面，他对我们孟加拉的老作者和毗湿奴派诗人也同样喜爱。他知道数百首孟加拉佚名作者的歌曲，经常放声高歌，全然不顾曲调和效果，也不在意听众的反对。他无所顾忌，大声地为音乐打拍子，无论是手边的桌子或是书，他都可以用敏捷的手指击打出有力的鼓点儿，把听众调动起来。

他还有一个超常的本事，就是可以从一切事情里汲取快乐。他可以随时随地从任何事物里获得善意，毫不吝啬地唱出赞歌。他天赋迥异，能飞快地写出很不错的抒情诗和歌曲，却从不以作者自居。他用铅笔在纸上创作，然后又毫不留情地揉成一团，到处乱扔。他才气横溢，却从不在意。

他有一首长诗在《孟加拉大观》上发表过，大受欢迎。我听说很多人唱他写的歌，却不知道作者是他。

博学常见，对于文学的真正喜爱可不常见。正是阿克赛先生的真诚喜爱，唤醒了我自己对文学的欣赏。他交友爽快，文学批评也落落大方。和陌生人在一起时，他就像条离开了水的鱼，但和老朋友们在一起时，智商和年龄对于他来说都无所谓。和我们这群孩子在一起时，他就是个孩子。夜深时分，当他从长辈们的聚会中告辞出来时，我会强拽着他到我们上课的房间。在那里，他会坐在书桌上，依旧那么亲切，让自己成为小小聚会的灵魂。很多次在这样的场合，我听他兴高采烈地讲解一些英国诗歌，或是与他讨论如何欣赏、批评探索，或是与他争辩不休，或者给他朗诵我自己的作品，并获得他慷慨的鼓励。

我的四哥乔提仁德拉，在我的文学和感情培养方面，是对我帮助最大的人之一。他是个非常热情的人，也愿意唤醒别人的热情。他并不介意我们年龄之间的差距，不让其成为我们在知识和情感方面自由交流的障碍。他允诺给我的自由，别人从未敢给过，很多人甚至还为此

在那里，他会坐在书桌上，
依旧那么亲切，
让自己成为小小聚会的灵魂。

责怪他。他的陪伴，让我摆脱了过度的敏感。我的心灵在幼年时期受过压迫，太需要这种自由了，正如炎炎夏日需要雨云一样。

如若不是这样斩断我的枷锁，也许我一生就残废了。那些掌权的人，孜孜不倦地提出自由有可能被滥用，所以不能给予。但没有这种可能性，自由也不可能是真的自由。要学会如何使用一样东西，唯一的办法就是犯错。至少对于我而言，我真的可以说，由于自由所受的伤害，总会引导我找到治愈伤害之路。他们捏住我的耳朵，抓住我的身体或精神，强迫我咽下的东西，我从来都吸收不了。除非放开我让我自由，不然只会使我得到痛苦。

乔提仁德拉哥哥毫无保留，让我以自己的方式自学。自打那时起，我的天性才伸出刺来，但同时也会开花。我的这段经历，让我害怕起那些试图产生善意的专制努力，而不是邪恶本身。那些政治或道德警察，我都非常惧怕。如此产生的奴役状态是最可怕的癌症，目标针对的是人性。

有段时间，我哥哥整日坐在钢琴边，埋头创作新的曲调。阵雨似的旋律，从他飞舞的指间流出。阿克赛先生和我坐在两边，随着曲调逐渐成形，我俩忙着给曲子填词，方便记在脑海里。在写歌方面，我就是这样做的学徒。

当我们成长为少年时，家里很注重培养我们的音乐修养。这让我颇为受益，可以毫不费力地把音乐吸收进我的整个身心。缺点是我没能掌握音乐的技艺，而这只有通过按部就班的学习，才有可能掌握。人们所谓的精通音乐，我一无所获。

自打从喜马拉雅回来后，我得到的自由越来越多。仆人的管制结束了；我想了很多办法，让学校生活的束缚也放松了；对家庭教师，我也不那么在意了。吉安先生带我读完《战神的诞生》之后，又断断续续讲了另外一两本书，之后他就去谋了份法律方面的差事。后来是布拉雅先生。头一天他让我翻译《维克菲尔德的牧师》，我并非不喜欢这本书，但这会鼓励他精心做出更多的安排，让我进一步学习。我就溜掉了。

如我所说，长辈们已经对我失望了。我和他们都不再对我的未来抱有任何希望，所以我就一心一意自由自在地把稿纸本写满。这样填写出来的作品，并没有预期的那么好。我脑子里除了一团热气，别的什么都没有。热气形成的气泡环绕着懒惰的幻想旋转，毫无目的和意义。没有成形，只有运动的扰乱，一个气泡鼓起来，瘪下去，又鼓起来。气泡里仅有的一点内容也不是我的，而是从其他诗人那儿借来的。真正属于我自己的，只有心里的烦躁和紧张。运动开始了，但力量的平衡还未形成，只能产生盲目的混乱。

我的嫂子特别爱好文学。她读书可不是为了消磨时间，她读过的孟加拉文书籍让她的身心非常充实。在她的文学事业上，我是个合伙人。她全心全意地热爱《梦之旅》，我也是。尤其我就是在这本书写成的氛围下长大的，它的美和我内心的每一根纤维都交织在一起。幸运的是，模仿这本书完全超出了我的能力，所以我从未想过去试着模仿。

《梦之旅》可以说是语言的完美宫殿，有无数的厅堂、内室、通道、角落、壁龛，里面供满了奇妙精致的雕像和绘画；花园四周的地面，满是亭榭、喷泉和荫凉的处所。不但富有诗意和幻想，在语言表现上也丰富多彩。这可不是件小事，这股创造力把如此壮观的结构完整地表现出来，并充满艺术细节，也许这就是我从未想过要模仿的原因。

这时候，维哈里拉尔·查克拉瓦蒂名为《吉祥》的组诗，发表在《雅利安哲学》期刊上。我嫂子被这首组诗的柔美深深感动了，其中的大部分她都能背诵。她常请这位诗人到家里来，并亲手为他绣了个坐垫。这给了我一个和诗人成为朋友的机会。诗人也很喜欢我，而我也不分早晚地去拜访他。他心胸宽广、体格健硕，一圈光环围绕着他，仿佛充满诗意的星体，看起来更像他真实的形象。他永远充满着真正的艺术喜悦，无论何时去看他，我都能呼吸到我的那一份。我经常到他三楼的小房间去。炎炎正午，他趴在阴凉的水泥地上写诗。我不过是个孩子，而他总是真诚热情地欢迎我，让我在接近他时，从没感到丝毫的尴尬。那时他裹在灵感当中，忘记了周围的一切。他会为我朗诵他的诗作，或是唱出他的歌曲。他的嗓音并不具备太多的唱歌天赋，但也不是毫无曲调，让人可以大概听出他想表达的旋律。闭上眼睛，可以感到他的嗓音低沉洪亮，很有表现力，弥补了歌唱的不足。我似乎至今还能听到他的歌声。我有时也会给他的歌词谱曲，唱给他听。

他非常崇拜瓦尔米基和迦俐陀婆。记得有一次，在他用尽全力唱诵完迦俐陀婆描写的喜马拉雅的诗后，他说："这里一连串'ā'的长音，不是偶然的。诗人刻意重复这个声音，从'Devatatma'一直到'Nagadhiraja'[1]，

---

[1] "Devatatma"和"Nagadhiraja"为梵文，前者意为"众神之母"，后者意为"万王之王"。

他心胸宽广、体格健硕，一圈光环围绕着他，
仿佛充满诗意的星体，看起来更像他真实的形象。

目的在于表现喜马拉雅辽阔的辉煌。"

当时，我最大的愿望，就是成为像维哈里拉尔先生那样的诗人。我几乎都让自己相信了，我可以就像他那样写作，但我的嫂子——他热诚的崇拜者，拦住了我。她常常提醒我说，梵文里有一句话：追求诗人的虚名是不值得的，会被人嘲笑。她知道要是我的虚荣心占了上风，以后就很难再控制住了。因此，她从未赞扬过我写诗作曲的能力；相反，她从未放过任何机会，当着我的面夸赞别人的歌唱。结果，我确信自己的嗓音有问题。对自己写诗能力的疑惑也打击了我，但由于这是仅剩的活动领域，让我有机会维持自尊，我不会让他人的判断剥夺我所有的希望。另外，我内心的愿望是如此迫切，根本没有任何力量能阻止我写诗的探险。

20.
发表

到目前为止，我的作品仅局限在家庭圈子里。这时新出了一本月刊《知识幼芽》，和它的名字正相符，它接受了一名早期诗人的投稿。它不加选择地发表了我所有胡言乱语的诗作。至今我脑海深处都有一种恐惧，怕末日来临时，会有几个热爱文学的警察，不顾私闯民宅的举报，进入已被忘却的文学深院进行搜查，把这些诗揪出来，无情地置于睽睽众目之下。

我的第一篇散文，也是在《知识幼芽》上发表的。那是一篇批评文章，它还有一段历史。

有本名为《布班摩西尼的天才》的诗集出版了。阿克谢先生在《萨拉达尼》上，布德博先生在《教育报》上，都用溢美的言辞盛赞这位新诗人。我有一位年长的朋友常把他收到的有布班摩西尼签名的信件拿给我看，我们的友情就是从那时开始的。他是被这本诗集所迷倒的人之一，经常寄书或布料¹给诗人。

有几首诗在思想和语言上极度缺乏克制，我无法相信它们出自一位女诗人之手。这位朋友给我看的那些信件，更使我不能相信作者是一位女性。但我的疑问并没有动摇我朋友的忠诚，他继续崇拜自己的偶像。

后来我对这位作者提出了批评。我尽情发挥，旁征博引，罗列出抒情诗和其他短诗的特征。对我最有利之处是：印刷出来的东西丝毫不会显露出羞愧之感，也绝不会暴露作者的真才实学。我的朋友非常激动地跑来，恐吓我说一位学士正在撰写答复。一位学士！我吓得说不出话来。那感觉就像小时候，侄子萨提亚喊警察来了一样。我都能看到矗立在我美名之上关于争论的胜利之柱，将怎样在权威引语的无情打击之下在我眼前轰然倒塌，把我通向读者的门永久关闭。啊，我的批评，诞生于一个多么险恶的星象之下！日复一日，我惴惴不安。但是，就像萨提亚的警察一样，这位学士并未露面。

---

1 当地过节时表达感情、敬意或季节问候，常以做衣服的布料作为礼品赠送。

21.

巴努·幸迦

我曾说过，阿克谢·萨卡和萨卢达·米特两位先生，编选出版了毗湿奴派古体诗选，我是名对此热衷的学生。这些诗文里掺杂了大量的迈斯利语，我觉得很难理解。但正因如此，我更努力地去弄明白。我对这些诗极其好奇，就像对种子里尚未萌发的嫩芽，或者对尘封大地之下未被发掘的神秘那样。我充满热情，期待着能发掘出未知的诗歌宝石，越来越深地进入这座宝库未知的黑暗之中。

我是如此热衷，以至于有了个想法，想把我自己的作品也包裹进这样的神秘之中。英国有个少年诗人查特顿，我从阿克谢·乔杜里那里听到过他的故事。对他的诗，我一点都不了解，也许阿克谢也不知道。假如知道了，可能故事就没意思了。这故事的戏剧性

点燃了我的想象。他成功地模仿了古典文学，把许多人都骗了。最后这个可怜的年轻人死在了自己手上。不提他自杀这档事，我准备模仿他的壮举。

有一天中午，浓云密布。享受着午休的阴凉，我趴在卧室床上，在石板上写着仿迈斯利语的诗。我对这首诗非常满意，马上读给第一个遇到的人听。他连一个迈斯利语的词都不懂，所以没有任何风险。他听完只能严肃地点头称道："好，的确很好！"

前面我提到过一个朋友，我有一天和他说："梵社图书馆在清理旧书时，发现了一本破损的诗集，我从上面抄录了毗湿奴派诗人巴努·幸迦的几首诗。"一边说着，一边给他念了几首我的模仿诗作。他大为震惊，惊喜地喊道："即使是维蒂亚帕迪，或者是钱迪达斯，也写不出这样的诗啊！我必须把手稿拿去给阿克谢先生发表。"

然后我把手稿本给他看，确凿地证明这些诗不可能是维蒂亚帕迪或钱迪达斯所写，作者恰恰是我本人。我朋友的脸垮了下来，嗫嚅道："是啊，是啊，这些诗也不错啊。"

当"巴努·辛迦"的这些诗在《婆罗蒂》登出来的时候，尼西坎达·查特吉博士正在德国。他写了一篇关于印度抒情诗的论文，和欧洲抒情诗做了比较。巴努·辛迦是一位非常有声誉的古代诗人，没有现代诗人可以与他比拟。就是靠着这篇论文，尼西坎达·查特吉获得了他的博士学位！

不管巴努·辛迦可能是什么人，要是他的作品日后落入我的手中，我发誓绝不会受骗。语言也许能过关，因为古代诗人并不是用母语写作的，仿造的语言在不同诗人手中是不同的，但情感是无法仿造的。稍微检测下巴努·辛迦诗作的戒指，就能测出里面的金属——它根本发不出古笛的迷人曲调，发出的不过是现代外国手风琴的呜呜声。

22.
爱国主义

从表面上看，很多外国习俗已经传进我们家，但在内心深处，民族自豪的火焰从未摇摆过。我父亲在他一生的革命浮沉中，从未舍弃过对祖国的衷心热爱，并在他的后辈心底形成了强烈的爱国情感。在我写作的时代，爱国，绝不是那个时代的特征。当时那些受过教育的人，在语言和思想上都和祖国保持距离，但我的兄长们一直致力于发展孟加拉语文学。有一次，某位新近联姻的姻亲用英语给我父亲写了封信，父亲马上就给退了回去。

"印度教徒协会"作为一个年会，是由我家赞助成立的，纳巴格派·米特先生被指定为经理人。这也许是初次尝试，虔诚地让印度成为我们的祖国。我二哥写的国歌《印度万岁》，当时广为流传。咏唱赞美祖国的歌曲，朗诵爱国诗篇，展示本土的艺术和手工，鼓励国内的天资和技能，就是"印度教徒协会"的特色。

在克松爵士的德里接见日庆典，我写了一篇散文；在莱顿庆典举行的日子，我写的是一首诗。那时，英国政府的确害怕俄国人，但没人在意一个十四岁少年的笔锋。我的诗中充满了与年龄相称的炽热情感，但那些权贵，从总司令到警察局长，并没有显示出惊慌。《泰晤士报》也没有登出悲观的来信，预言帝国很快就要崩溃，就因为当地监管人员的漠不关心。在"印度教徒协会"的活动中，我站在一棵树下朗诵了自己的诗作，诗人纳宾·森当时就在听众当中。我长大后，他还和我提及此事。

我的四哥乔提仁德拉负责一个政治协会，老拉吉那拉因·博斯是这个协会的主席。这个协会所在的那幢破败的房子坐落于加尔各答的一条偏僻小巷，开会时隐蔽得很好。其实，也就是这种神秘感让人觉得恐怖，而我们的讨论或行为并没有任何让政府或民众害怕的内容。家里的其他人都不知道我们下午是在哪儿度过的。前门总是锁着，会议室里黑乎乎的，口令是《吠陀》中的一句经文，谈话都是悄声进行的。这些就足以让我们感到刺激，其他什么都不想了。尽管我还是个孩子，但也是其中一员。我们被包裹在一种纯粹狂乱的氛围里，总觉得自己在拍打着激情的翅膀高飞。没有羞涩，也没有胆怯和恐惧，我们只想沉浸在自己激情的热度中。

勇敢也许有时也有自身的缺陷，但它永远能得到人们深深的敬意。在所有国家的文学里，我们都能看到为保持这种敬意的不懈努力。因此，不管在哪个国家，总有一群人，在某个地方，无法逃避这些刺激的持续影响。我们必须满足于对这样的刺激做出反应，尽力而为，解放我们的想象力，聚在一起，高谈阔论，放声高歌。

要是把所有的出口都关闭，不准外界接触深深植根于一个人天性中的被他所珍视的能力，无疑会造成不自然的状态，导致死气沉沉。在大英帝国政府的全面计划中，只开放牧师就业的通道是不够的——如果不给那些喜欢冒险的勇敢者留条出路的话，人的灵魂肯定会渴望释放，寻找秘密通道——而这样的通道是曲折的，后果也不堪设想。我坚信不疑，要是在那些日子里，政府因起疑而恐吓的话，协会里的年轻会员所上演的戏剧，就会变为残酷的悲剧——这出剧已经上演了，威廉堡连一块砖都没受损，而我们想起这段往事，也只是一笑而过。

我哥哥乔提仁德拉开始忙于为全印度设计服装，把各种设计方案提交给协会。腰布被认为不够商用，裤子又太洋派，于是他想出了一个折中的方案，主要借用了腰布的款式，裤子没怎么改——也就是说，在裤子前面和后面增加了假腰布作为装饰。而把头巾和太阳帽组合在一起的吓人的玩意儿，连最热心的会员都不敢称其为饰品。胆量一般的人可不敢这么干，而我哥毫无惧色地在大白天穿上这全套服装，穿过庭院，走到门外等候的马车上，全然不睬目瞪口呆的亲戚、朋友、门丁和马车夫。也许有很多勇敢的印度人，随时准备为国捐躯，但我确信没几个人会穿上这套泛印度服装上街，即使是为了国家利益。

每个周日，我哥哥都会举行"狩猎"会。有很多人不请自来，我们都不认识。有木匠、铁匠等社会各阶层的人。"狩猎"会上就差流血了——至少我没见过，其他样样俱全，非常过瘾，让我们觉得即使没人受伤死掉，也无所谓。早上出门时，嫂嫂给我们带上足够的油炸薄饼和配菜。这些吃的和狩猎的运气无关，所以我们从没空着肚子回来过。

马尼克托拉附近有不少花园别墅。最后我们总会进到其中一家，不管出身贵贱，都一起坐在池塘边的洗浴台上，兴致勃勃地大嚼薄饼，最后剩下一堆空盘带回家。

博拉亚先生是这些不嗜血的猎人当中最热心的一位。他是大都会学校的校长，有段时间还当过我们的私人教师。有一天我们闯进一家花园别墅，他想出个好玩的主意戏弄那家园丁："喂，我叔叔最近来过吗？"园丁赶紧恭敬地行礼，然后答道："没来，先生，主人最近没来过。""好吧，从树上给我们摘几个绿椰子吧。"那天吃完薄饼，我们畅饮了一通椰子汁。

有个小地主也来参加我们的聚会，他在河边有栋小别墅。有一天我们不顾种姓，在别墅里一起野餐。午后下起可怕的暴风雨，我们站在河边伸向水面的台阶上，大喊着唱歌，给暴风雨伴奏。说良心话，我觉得根本无法从拉吉那拉因先生的歌声中分辨出音节里的七个音，但不管怎样，他大声唱着。如同古梵文作品里的原文被注解淹没了一样，拉吉那拉因先生的音乐演出，四肢和表情充满活力的表演，远远盖过了他较弱的嗓音。他左右晃着脑袋打拍子，胡须随着大风翻卷。坐着马车回家的时候，夜已深了。此时暴风雨已停，星光闪闪。夜色浓厚，四周寂静，村里路上阒无一人，两边树林里飞满了萤火虫，仿佛狂欢节的火花，散落在无声的盛宴里。

我们协会的目的之一，就是协助小火柴厂，或是其他类似的小工厂。为此，每个会员要捐出他收入的十分之一。火柴必须要生产，但火柴杆很难弄到。虽然我们都知道一捆干的椰叶在能干的人手里能发挥多大的

午后下起可怕的暴风雨，
我们站在河边伸向水面的台阶上，
大喊着唱歌，给暴风雨伴奏。

火力，可它要点燃的并不是灯芯。多次实验之后，我们终于成功生产出一满盒火柴。其中所展现出来的爱国热忱，并不是火柴的唯一价值，因为生产这盒火柴所花费的钱，足够全家的火炉烧一年了。另一个缺陷是，这些火柴划不着，必须另外有火把它点着。它们要是能够继承我们在制造它们时产生的爱国火苗，也许直到今天也会有市场。

消息传来，说有个学生在试制一部织布机器，我们立刻跑去看了。我们谁都不懂如何测试机器的实用性，却比任何人都愿意相信它，心里充满希望。那个可怜的家伙为了造机器欠了一笔债，我们替他还了。后来有一天，我们看见博拉亚先生跑到我们家来，头上围着条薄薄的土毛巾。"这是我们的织布机织出来的！"他叫道，举起双手跳了一段战舞。那时博拉亚先生脑袋靠外的一圈，都已经变成灰白色了！

最后，有几个洞察世事的人加入了我们的协会，让我们品尝到知识的滋味，拆散了我们的乐园。

当我初识拉吉那拉因先生时，年纪还小，尚不能欣赏他的多面性。他身上有许多对立面，虽然须发斑白，却和我们一样年轻，仪表庄严，仿佛一件洁白的外衣，让他的青春永远保持新鲜。他渊博的学识对他也毫无损害，反而让他绝对单纯。直到生命末日，他一直开心地笑着，从未被岁月的磨砺、身染疾病、家庭不幸、思虑艰深或学识庞杂所打断，承受住了诸多烦恼。他是理查德森的得意门生，在英国文学的氛围中长大，但他还是抛弃了早年习惯造成的一切障碍，全身心地致力于孟加拉文学。虽然他极其温和，但在爱国方面却燃烧着炽热的烈焰，要把祖国的缺点和贫困烧成灰烬。他温柔微笑，又热情万丈，始终年轻，值得国人好好纪念。

23.
《婆罗蒂》

总体来说，我目前所写的这段时期，是我极其欢喜的一段时期。我度过许多不眠之夜，并没有什么特别原因，只是想打破常规。我经常在教室暗淡的灯光下读书。远处教堂的时钟，每十五分钟就敲响一次，仿佛眼前的每一个小时，都在被拿来拍卖；而那些运送逝者的杠夫，大声喊着"神啊"，沿着吉特坡路，去往尼穆托拉火葬场。夏日月夜，我就像个不安的鬼魂，在阳台上盆盆罐罐的光影间徘徊。

要是仅仅把这理解为诗情画意，那就错了。我们的大地已然相当古老，但时不时会脱离清醒稳定的状态，令我们惊讶不已。在它的青春时代，在它还没有变得坚硬顽固之前，它热情洋溢地喷发火焰，常常肆意妄为。一个人的青春伊始，同样的事情也会发生。只要形成生

我度过许多不眠之夜，并没有什么特别原因，
只是想打破常规。我经常在教室暗淡的灯光下读书。

命的材质尚未最终定型，而是在成型的过程中，它就会动荡不安。

这时候，我哥哥乔提仁德拉决定创办《婆罗蒂》，让我们的大哥担任编辑，这让我们充满了热情。我当时才十六岁，但并没有被排除在编辑人员之外。之前不久，出于年轻虚荣的狂妄，我写了一篇关于《云使》的批评文章。酸涩是没熟的芒果的特点，滥用不成熟的批评也是一样。当缺乏其他力量时，扎刺的力量就最尖锐。我在这首不朽的叙事诗上留下抓痕，以寻求不朽。这篇狂妄的批评文章，就是我投给《婆罗蒂》的第一篇稿子。

在《婆罗蒂》第一期，我还发表了一首长诗——《诗人的故事》。作者尚未涉世，只见到自己模糊不清的夸张形象。诗的主人公自然是一位诗人——他不是作者本身，而是他所想象或渴望成为的人。说他希望成为他所描绘的那样，也不对，主人公更多地代表他认为人们所期待的诗人，能够让世人点头赞叹："是的，真是一位诗人，的确就是这样。"诗中展现了博爱的壮丽，这是萌芽诗人的得意主题，听上去冠冕堂皇，也容易讲。当真理尚未在人心启蒙，别人的言语是仅有的存货时，是不可能做到表达上的简洁与抑制的。极力夸大本身就很伟大的主题，就会不可避免地变得奇怪而可笑。

当我汗颜地读着我年少时粗劣的诗文时，恐惧地想到：在我的晚期作品中，也很可能有着同样的扭曲，只不过我会加以抑制，使其潜伏着，不那么明显。我确信无疑，我的嘈杂之音，经常会淹没我想表达的。总有一天，"时间"会把我揪出来的。

《诗人的故事》是我第一部印出来的作品。当我和二哥到艾哈迈达巴德时，我的一个热心朋友出乎意料，把它印刷出版了，还寄了一本给我。我不敢说他做得很好，但当时在我心里触发的情感，总之不像一个义愤的法官。他受到了惩罚，但不是来自作者，而是来自那些抓紧钱包的群众。我听说书很长时间里都卖不出去，沉甸甸地压在书商的架子上，也同样压在不幸的书商心上。

我为《婆罗蒂》写稿时期的作品，不可能适合出版。再没有比过早地急于付印更能保证成年以后后悔的事了。但这也有积极的一面：想要看到自己作品付印的冲动，在早年就消耗殆尽。读者是谁、他们怎么说、没有更正过来的错字，这些问题和其他类似的担心，就像婴儿要经历的疾病一样，过后会让人气定神闲，以更健康的心态关注自己的文学作品。

孟加拉文学还不够成熟，不能充分发挥它内在的影响力来控制它的爱好者。随着写作经验的积累，孟加拉作者要逐渐提升自我约束的能力。他在相当长的时期内，会不可避免地写出许多粗劣的作品。刚开始写作的时候，想要以小小的天赋创造文学奇迹，在每一步都超越自己真实的力量，超越真实与美的限制，这种执念常常体现在一个人的早期作品中。重新发现正常的自我，学会尊重自己的实际能力，是一个时间问题。

不管怎么说，我年轻时做过许多令我蒙羞的傻事，糟蹋了《婆罗蒂》的书页。使我羞愧的还不仅是文学上的缺点，还有残暴狂妄、过分放肆，以及傲慢造作。但同时我可以坦白地承认，那段时期的作品，也充满了颇有价值的热情。其间出错很自然，充满孩子气的期待、相信和欢快，也很自然。如果热情的火焰浇上了错误的汽油，那么注定是要变成灰烬的，而火焰所产生的益处，也不会在我的生命中白白浪费。

第五部分

我相信人类的心灵

是通过某种内在持续的媒介联系在一起的。

24.
艾哈迈达巴德

在《婆罗蒂》办到第二年时，我二哥提议带我去英国，我父亲答应了。这不求而来的恩赐，太让我惊喜了。

首先，我陪着二哥去了艾哈迈达巴德，他在那里担任法官。我嫂子和孩子们当时都在英国，所以房子几乎空着。

法官的宅邸被称为"国王的花园"，是古代国王的行宫。在那面支撑宽大阳台的墙脚下，夏日的萨瓦玛提河水很浅，沿着厚厚的沙床流过。二哥去法庭时，我被独自留在宽阔的行宫里，只有鸽子的咕咕声打破正午的宁静。一种说不出的好奇心，让我在那些空房间里流连。

在一间宽大的房间里，我哥哥把书摆在墙上的壁龛里。其中有一本精美的丁尼森诗集，字很大，还配有插图。这本诗集对于我来说，和行宫一样寂然无声，我同样在它的画页里流连——不是说我根本不懂文字，而是这些画面比文字更温和地对我低声细语。在哥哥的书房里，我还找到了一本哈柏林博士编辑的梵文诗选，是由老塞拉姆珀出版社印制的。这本诗集也在我的理解能力之外，但那些响亮的梵文词句和铿锵的韵律，让我沉浸于《阿摩卢百咏》的诗行间，应和着轻擂的鼓点踏步。

行宫塔楼的顶屋是我隐居的洞穴，唯一的伴侣是一窝土蜂。在无法排遣的暗夜，我独自睡在那里。偶尔会有一两只土蜂从巢里掉到我的床上，要是我不小心压着了，这种相遇对于土蜂很不愉快，对于我则扎得难受。

月明之夜，我任性地在宽大的临河阳台上来回溜达。散步时，我初次为我的歌词谱曲。其中一首是献给玫瑰女郎的，至今还能在我出版的作品中查到。

发现自己的英文不行，我借助于词典，着手阅读英文书籍。我打小就有个习惯，不会为了完全弄懂而打断阅读。能靠着想象力，把零星理解的内容搭建起来，我就很满意了。这个习惯我保留至今，有好的一面，也有坏的一面。

行宫塔楼的顶屋是我隐居的洞穴，
唯一的伴侣是一窝土蜂。
在无法排遣的暗夜，我独自睡在那里。

25.

英格兰

　　就这样在艾哈迈德巴德待了六个月，我们出发去往英格兰。在不幸的时刻，我开始写信给亲戚们，给《婆罗蒂》，讲述我的旅程。现在我没办法把它们收回了。这些信不过是年轻人的夸夸其谈。在那个年纪，心里不肯承认最值得自豪的，应该是尽力去理解、去接受、去尊重，而谦逊是扩展心灵领域的最好方式。仰慕与赞美被认为是虚弱或投降的迹象，而贬低、伤害以及破坏的欲望更是助推了这种精神火焰。我以谩骂来建立优势的企图，要不是因为过于缺乏直率和正常的礼貌而让我羞愧，也许今天偶尔还会让我觉得可笑。

　　我打小几乎没和外界打过什么交道。在十七岁那年，突然被扔进英格兰的社交之海，还能挣扎着随波逐流，足以证明我承受了多少折磨。但由于我嫂子在布莱顿带着孩子，在她的庇护下，我熬过了第一波冲击。

冬天就要来了。有天傍晚，我们正围坐在火炉边闲谈，孩子们跑进来，兴奋地告诉我们说下雪了。我们马上跑了出去。外面寒气刺骨，月色惨白，大地覆满白色的积雪。这可不是我所熟悉的大自然的样子，仿佛梦境一般。近处的一切似乎都退得远远的，只留下洁白寂静的苦行僧，沉浸在冥想当中。移步门外，突然见到如此神奇辽阔之美，是我以前从未经历过的。

在我嫂嫂的热情照顾之下，我和孩子们喧闹游戏，日子过得很开心。我奇怪的英语发音让他们觉得很搞笑，虽然我全身心地加入孩子们的其他游戏，但对于我的发音，我却不觉得有什么好笑的。我实在没法和他们解释，"warm"这个词里的"a"，和"worm"这个词里的"o"，实在没法用逻辑加以区分。我很倒霉，必须忍受嘲笑，而这都是英语的胡拼乱写造成的。

我很熟练地掌握了如何想出新的点子，让孩子们忙活起来，还乐此不疲。这门艺术对我帮助很大，至今还很有用处，只是我现在不再拥有那么多的巧心思了。这是我头一次有机会用心和孩子们相处，这份礼物是如此清新，让我感情洋溢。

但我这次旅行的目的，并不是把家换到大海的另一边。我的目的是去学习法律，回来当个律师。所以，有一天我被送进布莱顿的一所公立学校。校长打量了一番我的长相，所说的第一句话是："你的脑袋可真棒！"这个细节一直留存在我的脑海里，因为在家里的时候，二嫂自告奋勇地承担起一项义务，就是抑制我的虚荣心。她让我留下的印象是：和很多人相比，我的头颅和相貌很平庸。我希望读者把这当作我的优点：我私底下真的相信了她，暗自悲叹造物主在造我时竟如此吝啬。在许多别的场合，我发现英国朋友对我的评价和平日她所说的不同，我还费心地琢磨两国之间的品位标准竟如此不同。

在布莱顿的公立学校，有一件事很不错：其他的男孩子对我一点都不粗鲁。相反，他们经常把橙子和苹果塞进我的口袋，然后就跑开了。这种不同寻常的举动，我只能说因为我是个外国人吧。

我在这所学校待的时间也不长，但不是学校的原因。塔拉克·帕里特先生当时正好在英格兰，他看出来这条路对我来说行不通，便说服我哥哥，允许他把我带到伦敦去，让我独自留在那里，住进一户寄宿人家。选中的那户人家房子正对着摄政公园，当时正是深冬，窗前的一排树上没有一片叶子，白雪覆盖的枝条瘦骨嶙峋，直

孩子们跑进来，
兴奋地告诉我们说下雪了。
我们马上跑了出去。

愣愣地瞪着天空——这景色让我寒冷彻骨。

对于初来乍到的异乡人来说，再没有比冬日的伦敦更严酷的地方了。附近没有一个认识的人，也不认路。整日坐在窗前，盯着外面的世界，我又回到了从前的日子，只是这回的景色并不吸引人。它的面容紧蹙：天空昏暗，灯光仿佛死人的眼睛般没有光泽，地平线缩成一团，世界就像一座巨大的医院，从未露出温暖的笑容。屋里的家具很简单，却有一架小风琴。白天早早结束后，我就随意拉琴。有时候几个印度人来看我，虽然我和他们交情很浅，但他们起身离去时，我甚至想拽着衣角把他们留下。

住在这里的时候，有个人来教我拉丁文。他身材消瘦，衣服破旧，并不比那光秃秃的树更能扛得住冬天的抓握。我不知他多大了，但他看上去明显比实际年纪老。有几天上课的时候，他突然忘词了，看上去茫然而羞愧。他的家人把他当作怪人。他认定了一种理论，相信在每个年龄阶段，在世界各地，在人类社会的各个阶层，都有一种很明显的主导思想；在不同程度的文明里，它的形态各异，但根底是一样的。这种思想并不是通过他人获得的，即使与别人没有交集它也一直存在。他一心专注于收集和记录事实，来证明他的理论。他心无旁骜，以致家里无食，身上无衣。他的女儿们并不在意他的理论，经常抱怨他的糊涂。有些日子，我从他脸上能看出来，他找到了一些新的证明，论文有了相当大的进展。每当这种时候，我就提到这个话题，假装很佩服他的热情。另外一些日子，他会陷入抑郁，似乎担子太重了，无法承受。这种时候，我们的功课就会停下来，他眼望虚空，心思无法回到初级拉丁语法的书页上。我很可怜这个身体饥饿、背负沉重理论的灵魂，虽然对拉丁文课没抱受益的幻想，我也下不了决心将他辞退。我住在公寓的那段时间，就一直这样假装在学习拉丁文。离开前夕，我请他结算薪水，他可怜地说："我没做什么，只是浪费了你的时间，我不能接受你的报酬。"费了好大的劲儿，我才让他最后把钱收下了。

虽然拉丁文先生从不拿他的理论证明来烦我，但我至今也没有对它们产生怀疑。我相信人类的心灵是通过某种持续的内在媒介联系在一起的，某个部分被扰乱，也会秘密传递到其他部分。

接着，帕里特先生把我安置到一个叫巴克尔的辅导员家中。巴克尔提供住宿，帮学生们准备考试。除了他温和娇小的妻子，他家里没有一丝吸引人的地方。这种老师也能招到学生，纯粹是因为可怜的孩子们没什么机会做选择。在这样的环境里，这种人还娶了妻子，想想都觉得不可思议。巴克尔夫人养了只宠物狗，以求安慰，但是每当巴克尔想惩罚妻子时，就虐待那只狗。她对那只不幸的动物的宠爱，让她变得越发敏感。

在这样的环境里，我嫂嫂从德文郡的托尔奎写信叫我过去，我简直是满心欢喜地跑到她那里去了。我的快乐无法言喻，和那里的山海在一起，还有开满了鲜花的牧场、松林的浓荫和两个小小的不知疲倦的玩伴。我的双眼饱餐着美景，心灵浸透了喜悦。优哉游哉的日子越过无垠的蔚蓝天空，盈满快乐，有时心中却被疑问所折磨：为何没听到诗的召唤？因而有一天，我走下岩石嶙峋的海岸，带着稿纸本和雨伞，去履行我作为诗人的天职。毫无疑问，我选择的地点很美，这种美并不依赖于我的韵律和幻想。有一块平坦的岩石迫切地伸出海面，微微摇晃，前面是蔚蓝的泡沫、粼粼的波浪，晴朗的天空在摇篮曲中睡着，露出微笑；后面松梢的阴影摊开，仿佛困倦的林中仙子滑落的衣裳。坐在岩石的宝座上，我写了一首诗《沉舟》。要是当年慎重起见，把这首诗沉入大海的话，也许时至今日我还会觉得那是一首好诗。但我却得不到这种安慰，因为它就在我心里；即使把它从我出版的作品中驱赶出去，一纸文书也许又会让它被写出来。

责任的信使并没有闲着，又把我召回伦敦。这次我在斯科特博士家里找到了避难所。那天傍晚，天气晴朗，我带着背包和行李，闯入了他家。当晚只有白发的博士、他妻子和他的大女儿在家。另外两个小女儿，惊恐于一个陌生印度人的入侵，躲去亲戚家了。我觉得她们是听说了我并不危险后，才回家的。

只过了一小段时间，我就成了家庭一员。斯科特夫人待我如儿子一般，而我从她女儿们那里得到的善意款待，比自家亲戚还难得。

住在这家的时候，我想到一件事——人性在哪里都是一样的。我们常说，一位印度妻子对丈夫的奉献是独一无二的，在欧洲找不到，我也曾这样认为。但至少在斯科特夫人和一位理想的印度妻子之间，我看不到任何不同之处。她一心扑在丈夫身上，有限的收入不可能让他们多雇人，斯科特夫人亲自照料丈夫的每一个细节。每天傍晚，丈夫下班回来之前，她都会亲自动手，把扶手椅和毛绒拖鞋放在火炉前。她不允许自己有一刻忘记他所喜欢的东西，或者让他高兴的行为。每天早晨，她和唯一的女佣从顶楼收拾到厨房，把楼梯上的铜杆和门把手都擦得铮亮。除了日常家务，还有很多社会义务。

忙完每天的家务，她还会热情地参与我们在傍晚的阅读活动和音乐活动——这些绝不是一位好家庭主妇闲暇取乐时必须要做的事情。

有时在傍晚，我会加入女孩子们的转桌降神游戏。我们把手指按在一张小茶几上，这茶几就在屋里乱转。后来发展到无论我们按住什么，都会颤动起来。斯科特夫人不太喜欢这样，她有时会严肃地摇着头说，她认为这样做是不对的。可她一直使劲忍着，不愿扫我们年轻人的兴。直到有一天，我们把手按在斯科特先生的礼帽上，让它旋转的时候，她受不了了，十分生气地走上前来，禁止我们动那顶礼帽。她一刻也不能忍受魔鬼和她丈夫的头顶之物有任何关联。

在她的一切行为中，对丈夫的尊敬是最突出的。关于她温柔克己的记忆，让我清楚地看到所有女性之爱的极致圆满，存在于尊敬之中。要是没有外因妨碍其真实发展，女性之爱自然会成长为崇拜。当过度奢侈时，浅薄就会玷污白天和夜晚，爱就会退化，女人的天性就找不到圆满的喜悦。

我在这里住了几个月。我哥哥回去的时间到了，父亲写信叫我和他一起回去。我为即将回家而感到开心。祖国的阳光、祖国的天空，一直在默默地召唤我。当我告别时，斯科特夫人拉着我的手，哭泣道："既然知道很快要走，你为什么要到我们家里来？"伦敦这个家，现在已经不存在了，博士的一些家人已过世，其他人散落到了我不知道的地方。但这个家，会永远活在我的记忆里。

冬季的一天，我走过唐布莱治威尔士的一条街，看见一个男人站在路边。他的脚趾从破靴子里露出来，一部分前胸也裸露着。他什么也没对我说，也许是因为不允许乞讨，但他抬头看了我片刻。我给他的零钱，可能比他期望的多，在我走出几步后，他追上来说："先生，你错把一枚金币给我了。"边说边要把钱退给我。我本不会特别记住这件事，但同样的事还发生过一回。当我第一次到达托尔奎火车站时，有个搬夫把我的行李送到外面的出租车上。我在钱包里没找到零钱，出租车启动时，我给了他一枚两个半先令的银币。过了一会儿他在后面追赶我们，喊着让出租车司机停车。我以为他看出我是个老憨，想多要点钱。出租车停下来后，他说："先生，您肯定是把银币当作一便士给了我！"

我不能说在英格兰从未被骗过，但平心而论，还真没什么记得住的，倒是形成了一个想法：只有那些值得信赖的人，才知道如何去信赖。我是个无名的异乡人，很容易赖账且不受惩罚，但是，从没有任何一家店主不信任我。

在英格兰期间，我被卷进一出滑稽剧里，而且还得从头演到尾。我偶然结识了一位英印高官的寡妇，她居然给我起了个昵称"卢比[1]"。她的一位印度朋友用英文写了一首悼诗纪念她的丈夫——不必去推敲这首诗的优点，或是语句的切合。我运气不好，偏赶上作者说这首悼诗要用贝哈贾调子唱出来。所以有一天，寡妇请我如此唱给她听。那时我真是个傻子，勉强顺从了。真是悲哀，没人能听出贝哈贾曲调与那可笑的诗句结合在一起，有多么滑稽糟糕。寡妇听到用本国曲调唱出印度人对她丈夫的哀悼，似乎非常感动。我以为这事就这么了结了，但远非如此。

我在各种交际场合经常碰到这位寡妇。晚餐后，在客厅和女士们聚在一起时，她总是请我唱这首贝哈贾调子的悼诗。其他一些想听印度音乐奇特案例的人，也会和她一起请我唱。每当她从口袋里拿出印好的要命词曲时，我的耳朵就会红起来，一阵阵刺痛。最后，我耷拉着脑袋，嗓音颤抖，我必须得开始——但我心里像明

---

[1] 卢比（Ruby），是英文"红宝石"的意思，而作者的昵称本是拉比（Rabi）。

镜似的，满屋子的人没有谁比我对这表演更伤心的了。唱完后，在哧哧的偷笑声中，大家会一起说："多谢你！""真有意思！"虽然是冬天，我却汗流浃背。不知有谁能在我出生的时辰，或是这位高贵的英印官员死去的时辰，预言到他的死亡对于我是多么沉重的打击。

此后一段时间，我住在斯科特博士家里，去大学的学院听课，和这位寡妇就失去了联系。她住在伦敦郊区一个较远的地方，虽然经常收到她的邀请函，但出于对那首悼诗的恐惧，我不敢接受这类邀请。后来有一天，我正在学院，收到她的一封敦促电报，而我当时在英格兰的日子即将结束。我觉得在临行前应该见寡妇一面，就答应了她的请求。

从学院出来我没回家，直接去了火车站。那天天气糟透了，出奇地冷，下着雪，雾气蒙蒙。我要去的那一站是这条线路的终点，所以我心里很放松，认为没必要去询问到站的时间。

所有的车站月台都在右边，我舒服地坐在车厢右边角落的椅子上，读着一本书。外面已经很黑了，什么都看不见。乘客们一个个到站都下车了。我们到了终点的前一站，接着又出发了。然后火车又停了下来，却一个人都看不见，不见灯光，也不见月台。就剩我一个乘客，

从学院出来我没回家，直接去了火车站。
那天天气糟透了，出奇地冷，下着雪，雾气蒙蒙。

我无法猜测为什么火车有时会在错误的时间停在错误的地点，于是不猜了，接着读我的书。然后火车又往后移动。铁路上的反常似乎也不是什么新鲜事，我这么想着，又埋头读起书来。但火车又回到了前一站，我再也不能置之不理了。"我们什么时候到终点站呢？"我下车问道。而回答则是："你刚从那里过来的。""那现在我们是去哪里啊？"我十分狼狈地问道。"去伦敦。"我这才明白这趟火车是往返车。当追问下一趟去终点的车什么时候来时，我被告知那天晚上再没车了。对于我的下一个问题的回答是：五英里之内，没有旅馆可住。

我那天早上吃完早餐，十点钟出的家门，到那时什么也没吃。当节制成为唯一的选择时，苦行者的想法很自然就来了。我把厚大衣的扣子一直扣到领口，坐在月台的灯下读起书来。我带的那本书是刚出版的斯宾塞的《伦理学数据》。我安慰自己说，也许再也不会有这样的机会，可以全神贯注地阅读这个话题了。

过了一小会儿，一个搬夫过来告诉我说，特别增开了一列火车，半小时以后到。这消息让我高兴坏了，再也读不进《伦理学数据》了。我本该傍晚七点到的，最终九点才到。"这是怎么回事，卢比，你做了什么？"女主人问我。我把自己精彩的冒险讲给她听，没有任何骄傲可言。晚宴已经结束了，但我不幸的遭遇很难说是我的错，我觉得也不应该受到惩罚，而她又是位女士。这位英印高官的寡妇只对我说了一句话："来吧，卢比，喝杯茶。"

我从来不喝茶，但想着也许能稍微缓解下我的极度饥饿，便勉强咽下一杯浓茶，吃了几块饼干。最后走进客厅时，我见到一群老太太，其中还有一位年轻漂亮的美国人，她和女主人的侄子订了婚，看上去正处于婚前的恋爱阶段。

"我们跳舞吧。"女主人说。我既没心情，也没体力做这个运动，但温顺能让人做出这世上任何不可能的事。所以，尽管舞会是为了庆祝这对新人订婚，我却要和一群七老八十的老太太跳舞——在我和饥饿之间只有茶和饼干。

但我的痛苦到这里还没完。"你今晚住哪里？"女主人问道。这是个我没想到的问题。当我无语地看着她时，她解释说当地的旅馆半夜就要关门了，我最好马上就去。幸亏还有点地主之谊，我不是自己一个人去找的旅馆，有个仆人提着灯笼带我去。起初我还以为会因祸得福，一进门就问有什么吃的，肉、鱼、蔬菜，热的冷的，什么都行！我被告知想喝什么都有，但吃的什么都没有。之后我期待着在睡梦中忘掉一切，但在她拥抱全世界的怀里，并没有我的一席之地。房间里的沙石地面冰冷，一张旧床和一个破旧的脸盆架，就是全部的家具。

早上，这位英印高官的寡妇派人来请我去吃早餐。我发现摊在桌上的冷食，显然是昨晚剩下的。不管冷热，要是昨晚能给我一小份，也不会伤害任何人啊，那样我在跳舞时，也不会像一条脱水的鲤鱼那样痛苦地扭来扭去。

吃完早餐，女主人告诉我，她请我来是要我唱那首诗给一位老太太听的，现在她卧病在床，我得到她卧室门外唱给她听。我被领到楼梯尽头，寡妇指着一扇关着的门说："她就在里面。"门的另一边神秘未知，我对着门唱贝哈贾调的悼诗。病人听了后结果如何，我再也没有收到任何消息。

回到伦敦后，我不得不为我愚蠢的顺从卧床赎罪。斯科特博士的女儿们祈求我发发善心，不要认为这是典型的英国待客之道。她们抗议说，这是吃了印度盐的后果。

26.

洛肯·帕里特

我在学院听英国文学课时，洛肯·帕里特是我的同学。他大约比我小四岁。当我现在写回忆录时，没觉得大四岁小四岁有多大差别，但要在十七岁和十三岁之间的鸿沟上架起友谊的桥梁，却很难。因为年岁不够，男孩儿总要装出长者的庄严。但在小洛肯这里，我心里却没有任何障碍。在各个方面，我都没觉得他比我小。

在学院图书馆里，男女学生坐在一起学习，我们在这里碰头。要是我们安静一些的话，没人会抱怨的。但我这位年轻的朋友总是兴致高昂，稍微有些什么就会放声大笑。各国的女孩们用功的时候都极其专注，当我回想起那么多双生气的蓝眼睛瞪着我们，对我们不加抑制的欢笑表示不满时，真是感到后悔。但在那些日子里，对于学习时被打扰的痛苦，我丝毫都不同情。老天保佑，

我一辈子都没头疼过，也从未因学校学习被打扰而受过一刻的良心谴责。伴随着我们不断的笑声，我们还进行了一些文学讨论。虽然洛肯读过的孟加拉文学没我多，但他的敏锐才智弥补了这一点。在我们所讨论的话题中，有孟加拉文的拼音法。

这个话题是这样引起的。斯科特家的一个女儿要我教她孟加拉文，带她学习字母，我自豪地说孟加拉文是有良心的，不喜欢每一步都践踏规则。我和她讲明英语拼法的杂乱无章是多么可笑，被逼无奈，为了考试，我们只能死记硬背。但是我的自豪栽了个跟头。我们发现孟加拉文对于规则也毫无耐心，只是出于习惯，我才对它的"违法行为"视而不见。

然后我着手寻找制约这群无法之徒的法律。洛肯在这件事上给予我的帮助，让我大吃一惊。

洛肯后来进入印度内务部工作，而我则回到家中。学院图书馆的工作，如同欢快的潺潺小溪，汇入宽阔的河流。洛肯谈及文学时的朗朗笑声，仿佛鼓起我文学探险之帆的疾风。年轻气盛之时，我驾驭着散文和诗歌的双马之车狂奔，洛肯毫不吝啬的赞赏，让我从未懈怠半分。许多不同寻常的散文或诗歌的灵感，都来自他乡下的小屋。好多次，我们聚在一起聊文学和音乐，从黄昏之星升起时就开始，直到晨星高挂时方才散去，就像清晨的微风吹熄了烛光。

在萨拉斯瓦蒂脚下的众多莲花中[1]，友谊的花朵肯定是她的最爱。在她的莲池里，我没有沾到多少金色的花粉，但满怀的挚友的清香，让我心满意足。

1　在孟加拉传说中，萨拉斯瓦蒂一袭白衣，端坐于众多莲花之间。

27

破碎的心

　　在英格兰的时候，我开始写另一首诗，回国途中接着写，到家后才写完。这首诗以《破碎的心》为题发表了。当时我觉得很好。作者有这样的想法并不奇怪，它也得到了那时读者的欣赏。我记得这首诗发表以后，已故的蒂帕拉邦土王的首相专程来访，告知我土王很喜欢这首诗，并对作者的文学前程抱有很高的期望。

　　这首诗是我十八岁那年写的。在这里，请让我把三十岁时在一封信里写的话摘录下来：

　　　　当我开始写《破碎的心》的时候，我十八岁——既不是少年，也不是青年。正处交界的年龄，没有受到真理之光的直接普照——反射的光亮偶尔可见，其余的地方都是阴影。如同黄昏的阴影，它的想象被拉得细长而模糊，使得真实的世界如同幻影一般。奇怪之处在于，不仅我当时是十八岁，周围每一个人似乎都是十八岁。想象的世界无根无基，我们同在其中游来荡去，甚至最强烈的欢乐与痛苦，都像是发生在梦幻世界。没有真实的考量，浅薄替代了伟大。

从十五六岁到二十二三岁，我在这段年纪的生活，是完全混乱的。

地球在最初的时候，水陆还没有清晰地分开，巨大的畸形两栖动物，从慢慢淤出的泥地里生长出来，行走于没有树干的森林。不成熟心灵的混沌时期的情感，也是这般不均衡，奇形怪状，徘徊于一望无际的无路无名的荒野。他们不了解自己，毫无目的地漫游。因为无知，他们很容易模仿别的东西。所以，在这段毫无意义的年龄，我的力量尚未发育，对客体不了解，与之也不匹配。各种力量互相拥挤，各找出路，每一种力量都想通过夸张获取优势。

当乳牙努力长出来时，它会让婴儿发烧。在乳牙长到有助于吸收食物的状态之前，所有的烦躁都得忍着。同样地，我们的早期情感也会折磨心灵，像疾病一样，直到和外部世界形成真实的关系。

在这段时期，我从经历中学到的教训，可以在任何一本品德教育课本中找到，但不能因此轻视它。如若把愿望禁闭在心里，查封通往外界的自由出口，这会毒害我们的生命。这种自私拒绝让我们的愿望自由活动，阻止它们实现真正的目标，因而它总是和腐败的谎言及放肆结伴而来。当我们的愿望在美好的工作中得到无限自由时，就会一扫病态，重新回归天性——这才是它们真正的目的，也是它们的快乐所在。

我所描述的自己不成熟的心态，形成于那个时代的榜样和认知，我不敢肯定这些影响是否直到今天还在我身上起作用。回首我刚才提到的那段时期，我意识到我们从英国文学所获得的刺激多于营养。那时我们的文学之神是莎士比亚、弥尔顿和拜伦。在他们作品中，最令我们激动的品质是热情。在英国人的社交生活中，发泄热情是被严加管控的，也许正是因为这个原因，热情才在文学中占据如此主动的地位，作者才让强烈的情感在作品中肆意发泄，不可避免地爆发出来。至少，我们将这种不加控制的激动，看作英国文学的精华。

阿克赛·乔杜里是我们英国文学的领路人，在他关于英国诗歌的激昂雄辩中，有着一种狂热的陶醉。罗密欧与朱丽叶的狂恋，李尔王无力悲叹的激愤，奥赛罗焚毁一切的嫉妒怒火，都燃起我们的热情，让我们极为崇拜。我们拘束的社交生活、狭小的活动领域，都被单调的圈子围了起来，使得暴风雨般的情感无门可入——一切都尽可能地平和安静。所以我们的心灵很自然地会渴求英国文学中带来生命的热烈情感的冲击。我们不是在做文学艺术的审美欣赏，而是像本应动荡的死水对于狂澜的热烈欢迎，即使会把水底的淤泥搅动上来。

莎士比亚时期的文学，代表着那个时代的战舞。那时文艺复兴出现在欧洲，狂暴地反抗对人类心灵的严酷桎梏与束缚。主要的目标并不在于对善与恶、美与丑的审视——那时的人们，要不顾一切地冲破所有枷锁，进入自己内心最深处的圣所，寻找自己强烈欲望的最终样子。因此我们会在这类文学中，发现如此尖锐、如此丰富、如此奔放的表现。

欧洲酒神的欢宴精神，进入我们彬彬有礼而古板的社交生活，把我们唤醒，让我们活跃。那道无拘无束的光芒照在我们循规蹈矩的心上，让我们眩晕，渴望有机会挣脱。

英国文学还有一段这样的时期：蒲柏慢拍子的平缓调子让位于法国大革命的舞蹈节奏；拜伦成为那个时代的诗人，他炽热的情感，也感动了我们蒙着面纱、幽居

罗密欧与朱丽叶的狂恋，李尔王无力悲叹的激愤，
奥赛罗焚毁一切的嫉妒怒火，都燃起我们的热情，让我们极为崇拜。

一角的心灵新娘。

就这样，追求英国文学的热情席卷了我们那个时代的年轻人，激情的浪潮从四面八方拍打着我。最初的觉醒是要活力，不要压抑。

然而，我们的情况和欧洲有很大的不同。在欧洲，对于束缚的应激与不耐，是从历史反映到文学上的，其表现和情感是一致的。人们听到了风暴的怒吼，因为确实有风暴在怒吼。而吹过我们小小世界的微风，听上去不过比喁喁低语略响一点点而已。因而它满足不了我们的心灵。我们试图模仿暴风，却很容易走向夸张——这种趋势至今仍在，也许很不容易矫正。

事实上，英国文学真正艺术的缺失，原因即在于此。**人类情感只是文学的组成部分之一，而不是文学的目的——最终的目的是以简洁克制的方式，呈现出圆满之美。**这种主张，英国文学至今都不完全认可。

从婴儿到老年，我们的心灵只被这一种英国文学塑造成形。而欧洲的其他文学，我们并没有研究，那里古典和现代的艺术形式，由于得到系统性的自我约束，发育得非常好。在我看来，我们还没有能力正确理解文学作品真正的目标与方法。

是阿克赛先生让我们生动地感受到英国文学的激

情，他自身就是个热情洋溢之人。在完美的圆满中实现真理的重要性，和在内心所感受到的相比，似乎没那么重要。在知识方面，他对宗教没那么尊重，但《黑母亲之歌》却会让他热泪盈眶。他并不想去寻求终极真实，他被什么感动时，就认为什么是真理，即使那东西很明显是粗劣的，他也不在乎。

"无神论"是当时英语散文写作中的流行论调——边沁、密勒、孔德，都是很受欢迎的作家。我们年轻人在争论时，会以他们的作品作为根据。密勒时期，在英国历史上构成了一个自然的年代。它代表着政治体制的健康反应。这些破坏力量暂时被带入，用来清除累积的思想垃圾。我们国家在文学上接受了这些思想，但从未实际应用，仅是刺激我们进行道德上的反抗。所以，无神论对于我们来说不过是麻醉品而已。

由于这些原因，受过教育的人就分为两派。一派总是往前冲，带着无端的论据，要把对于神的信仰砍成碎片。就像一个手心发痒的猎人，只要窥探到一只活物，不管是在树顶还是在树下，都会受到刺激，冲上去把它打死。有一位只教了我们很短一段时间的家庭老师，这样的行为就是他最得意的消遣。我那时只不过是个孩子，也逃不过他的希冀。他并没有什么学问，想法也不是热忧求索真理得来的，只不过是拾人牙慧而已。虽然我全力反抗过，但因为年龄悬殊，我惨败了好几次。有几次我觉得太委屈了，几乎要哭出来。

另一派不是信徒，而是宗教享乐主义者。他们聚在一起，感觉舒适和安慰，让自己沉浸于令人愉悦的景致、声音和弥漫的香气中，披着宗教仪式的外衣，沉迷于拜神的道具。对于自己苦苦探求的结果，这两派人都不怀疑，也不否认。

虽然这些宗教上的越轨让我很痛苦，但我也不敢说我一点没受过它们的影响。在青春萌芽期对知识的狂妄中，这种反抗也占有一席之地。在家里举行的宗教仪式我从不参与。我忙着用自己情感的怒吼，来吹燃愤怒的火焰。那不过是对于火的崇拜，奉献祭品让火焰更旺——除此之外别无目的。因为我的努力漫无目的，所以无法度量，总是越过指定的界限。

对待宗教如此，对待自己的感情亦如此，我觉得不需要任何根本性的真理，我的激动本身就是自己的目的。我想起那时候一位诗人的几行诗：

> 我的心属于我
>
> 我不曾出卖给任何人，

即使它被扯成碎片

我的心还是我的！

　　从真理的角度来看，心不必自我忧虑，因为没有谁强迫它自己裂为碎片。就真理而言，悲伤不值得期待，但若把心酸的部分去掉，也许会另有一番滋味。我们的诗人总是在描写这种滋味，沉浸于拜神的仪式，却把神晾在一边。到目前为止，我国还没根除这种幼稚。所以直到今日，我们还未看到宗教的真相，而只是从宗教的仪式上去寻求艺术的满足。我们的爱国主义，绝大部分并不是服务于祖国，而不过是一种奢望，将我们自己代入对于祖国的一种理想心态。

第六部分

当艺术家从盈满之心的深处歌唱时，

那必定是喜悦的。

28.

欧洲音乐

我在布莱顿的时候，曾去听过一名一流女演员的歌唱。我忘记了她的名字，可能是尼尔森夫人，或是阿尔巴尼夫人。以前，我从未听过如此运用自如的嗓音。我们最好的歌唱家也无法隐藏起用力的感觉；他们毫无羞愧地竭力唱出最高音或是最低音，超出他们的正常音域。在我们国内有一部分善解人意的观众，以为借助于他们自己的想象而让演出保持水准也没什么害处。出于同样的原因，对于编写得完美的乐曲，要是歌手的声音粗糙或是姿势粗鲁，观众也并不在乎；而且正相反，他们有时似乎认为这些小小的外在缺点，可以把乐曲的内部完美更好地衬托出来——就像伟大的苦行者玛哈德瓦，衣衫褴褛，神性却赤裸裸地照射出来。

这种感觉在欧洲全然不存在。在那里，外表的每一

我在布莱顿的时候，
曾去听过一名一流女演员的歌唱。
我忘记了她的名字。
我从未听过如此运用自如的嗓音。

个装饰细节都必须完美，任何细小的缺陷都会让人羞愧，无法面对公众的目光。在我们的音乐会上，花上半小时来调冬不拉的琴弦，或是把鼓点调成合音，也没人在意。在欧洲，这些准备工作要事先在幕后完成，出现在幕前的一切都必须完美无瑕。所以人们不接受歌手的嗓音有任何弱点。在我国，正确且艺术地阐释歌曲是主要目的，所有的努力都集中于此；在欧洲，嗓音是文化的目的，他们用其来表现不可能的内容。在我国，音乐爱好者听到歌曲就满足了；在欧洲，他们是专门去听歌手演唱的。

我那天在布莱顿的所见，就是如此。对我来说，音乐会和马戏一样好看。但我虽然很赞叹演出，却不能欣赏歌曲。当我听到装饰乐段模仿鸟鸣时，就忍不住想笑。我一直觉得那是瞎用人声。轮到男歌唱家的时候，我觉得稍微舒服些。我特别喜欢男中音的嗓音，更有血有肉，而不像是孤魂野鬼的空洞悲叹。

打那以后，我继续听了更多的欧洲音乐，也学了更多，我开始体会到音乐的灵魂。时至今日，我确信我们和他们的音乐分住在完全不同的院子里，不是通过同一道门进入心里的。

欧洲音乐似乎是和物质生活纠缠在一起的，因此歌词和生活本身一样丰富多彩。如果我们试图把我们的曲调同样加以多样应用，音乐就会失去原本的庄严，而变得滑稽可笑；因为我们的曲调超越了日常生活的桎梏，唯有如此才能将我们带入深深的"慈悲"，向上进入高高的"超然"。它们的作用，在于展示我们内心无法表述的最内在的画面，神秘莫测。在那里，信徒发现他的茅舍已经备好，甚至享乐主义者还会找到凉亭，但世上的忙人却不会有容身之处。

我不能自称已经获准进入了欧洲音乐的灵魂，但我从外表逐渐了解到的点滴，就已经很吸引我了。我觉得它非常浪漫。我所说的"浪漫"一词，又有些难以分析。我想说的一方面，是它的丰富多彩，仿佛在生活之海的波涛永不止歇的起伏之上不停变幻的光影。而对立的方面，是它纯粹的延展，天空一望无际的湛蓝，远方弧形地平线所暗示的广阔无边。但是，请让我重复一遍，也许我不能完全讲清楚，可每当我被欧洲音乐感动时，我会对自己说：它是浪漫的，它用曲调阐释出了生命的幻灭。

在我们的一些音乐形式上，我们并不是完全没有尝试，但没有那么明确，没有那么成功。我们的音乐把声音让给了繁星点点的夜晚，以及一抹初红的黎明。它们诉说着漫天哀愁，与黑云一起降临，春天则徘徊于林中无言的沉醉。

29.
《瓦尔米基的天才》[1]

　　我们有一本装潢精美的穆尔的《爱尔兰诗歌》，我还经常听到阿克赛先生心醉神迷地朗诵这些诗歌。这些诗歌配合着插图，为我幻化出一幅古老爱尔兰的梦境画面。我那时还没听过原始的音调，但伴随着画面里的竖琴，我为自己哼唱过这些爱尔兰诗歌。我渴望听到真正的曲调，学会了可以唱给阿克赛先生听。不幸的是，有些期待的确在今生实现了，却又在过程中死掉了。在英格兰时，我的确听到过几首爱尔兰诗曲的演唱，也学会了，但失去了继续学习的热情。它们很简单，哀伤而又甜蜜，但与竖琴的静寂之歌总不太协调。在我的梦中，

1　情节取材于强盗首领瓦尔米基的故事：他目睹一对相爱的仙鹤中的一只被猎人杀死，遂心生怜悯，放声唱出一首哀歌。后来他以此旋律编写了史诗《罗摩衍那》。

古老的爱尔兰的大厅里盈满了竖琴之歌。

回到家后，我把学来的爱尔兰歌曲唱给家人听。"拉比的声音怎么啦？"他们惊呼道，"听上去真可笑，好陌生啊！"他们甚至觉得我说话的声音都变调了。

国外与国内的歌曲混杂在一起，培育出了《瓦尔米基的天才》。这部音乐剧的曲调大部分是印度的，但它们被从古典的庄严中拽了出来。本来应在天上翱翔的，现在被教会在地上奔跑。我相信，亲耳听过这部音乐剧的人可以作证，让印度音乐形式服务于戏剧，既没有不敬，也不是无用。这种结合是《瓦尔米基的天才》独有的特征。打开音乐形式的枷锁，使之可以适用于更广阔的范围，这项令人愉悦的工作让我全神贯注。

《瓦尔米基的天才》中的几首歌曲所配的曲调，原本是极富古典特色的。另外几首是我哥哥约提仁达拉谱曲的，还有几首是由欧洲乐曲改编的。印度曲调"特里拿¹"的风格特别适用于戏剧，在这部剧中被多次使用。两首英国歌曲用于绿林好汉的饮酒歌，一首爱尔兰歌曲用于森林仙子的哀歌。

《瓦尔米基的天才》不是一部适于阅读的作品。如

---

1 特里拿，一种印度古典曲调。

果不去听不去看的话，它的意义就丧失了。它不是欧洲所说的歌剧，而是一出配有音乐的短剧。也就是说，它首先不是一部音乐作品。其中没几首歌本身是重要的，或是吸引人的，它们只是作为剧中音乐的歌词存在而已。

在我去英格兰之前，有时候家里有文人聚会，有音乐、朗诵和小茶点。我回来后，又办过一次这样的聚会，恰巧也是最后一次。《瓦尔米基的天才》就是作为这次聚会的娱乐节目而作的。我扮演瓦尔米基，我的侄女普拉提芭扮演萨拉斯瓦蒂——这个名字有一小段历史。

我在赫伯特·斯宾塞的作品中读到，当感情加入进来的时候，讲话就有了抑扬顿挫。事实上，语音和语调对于我们来说，就像愤怒、悲伤、快乐或诧异时说出的词语一样重要。斯宾塞的意思是说，随着感情对声音的调节的发展，人类找到了音乐——这很吸引我。我想，为什么不以这个想法为根据，以朗诵的方式表演戏剧呢？我们国内的朗诵演员做过一些尝试，但经常会放声唱起来，又缺乏完整的曲调形式。就像无韵诗比有韵诗更加灵活一样，这种吟唱也是如此，虽然并非没有韵律，却能更自由地适用于歌词的情感表达，因为它不必遵守正规作曲时更为严谨的曲调和时间的要求。

《瓦尔米基的天才》所采用的新方法鼓舞了我，我又写了一部同类风格的作品《致命的狩猎》，情节来自达萨拉塔王[1] 误杀了一个盲人隐士独子的故事。这出戏在我们屋顶阳台搭建的舞台上演出，观众似乎深为戏剧的悲苦所感动。后来只作了些许的修改，大部分照原样与《瓦尔米基的天才》合并，这部剧不再在我的作品中单独出版。

很久以后，我写出第三部音乐戏剧《魔力游戏》，一部不同风格的歌剧。在这部剧中，重要的是歌曲，而不是戏剧。在前两部剧中，是歌曲作为主线，穿起一串戏剧场面；而在《魔力游戏》中，是一根戏剧情节的主线，贯穿起了歌曲的花环。这是一部感情的戏剧，而非动作的戏剧，其特点在这里。事实上在我写作这部剧时，心里总想唱歌。

写作《瓦尔米基的天才》和《致命的狩猎》时，我充满热情，写其他任何作品时都没有过这种感觉。那时我对音乐创作的冲动，在这两部剧中得到了表现。

我哥哥乔提仁德拉整日守着钢琴，按照自己的喜好重新打造古典曲调形式。乐器的每一次弹奏，原有的曲调都出现了意想不到的形式，表达出新颖的情感。那些

---

[1] 达萨拉塔王，《罗摩衍那》的主角罗摩的父亲。

这些曲调由我哥哥敏捷的手指弹奏出来，
阿克谢先生和我分坐两旁，给曲子填词时，
可以清晰地听到它们在和我们讲话。

本来囿于原始庄严步法的乐曲形式，被强迫按照更活泼而且不合旧规的节奏行进，表现出意想不到的轻快力量，并且让我们感动。这些曲调由我哥哥敏捷的手指弹奏出来，阿克谢先生和我分坐两旁，给曲子填词时，可以清晰地听到它们在和我们讲话。我并没自夸我们填的词是多好的诗，但的确传达了曲调。

在这种变新活动的狂欢中，我写出了这两部音乐剧，它们快乐地随着每一节拍跳舞，不管技法上正确与否，也不管曲调来自本土还是国外。

在很多场合，对于我的一些意见和文学形式，孟加拉读者都曾否定过。但很奇怪，我对人们所习惯的音乐曲调所作的大胆破坏，却没有激起民愤，相反，听过的人都满意而归。阿克谢先生写的几首歌，以及改编的维哈里·查克拉瓦蒂所作的《吉祥诗》的组诗，收在了《瓦尔米基的天才》中。

我一般会在这几部音乐剧表演时扮演主角。我从很小的时候，就喜爱表演，而且确信我有特别的表演天赋。我证明了我的想法并非没有依据。以前，我只在哥哥乔提仁德拉写的一部搞笑剧中扮演过阿利克先生的角色——这真的是我初次尝试表演。我当时年纪很轻，嗓子从不觉得疲劳或难受。

那时在我们家里，音乐瀑布时时刻刻、日日夜夜奔流而下，它溅起的水雾，在我们心中倒映出彩虹的全部颜色，再伴以青春的饱满、新生的活力、纯洁的好奇，在各个方向都开辟出新路。我们觉得可以尝试任何事情，没有什么是做不到的。我们写作、歌唱、演出，我们将自己泼洒于各个方面。就这样，我进入了我的二十岁。

在让我们的生命胜利狂奔的力量当中，我哥哥乔提仁德拉是驾驭者，他毫不畏惧。在我还很小、之前从未骑过马的时候，有一次他让我骑上一匹马，在他身旁飞奔，对他不熟练的骑伴，一点都不担心。也就是在那个年纪——当时我们在舍利达（我们物业的总部），有消息说发现了一只老虎，他就带上我去打猎。我没有枪——要是有的话，枪可能比老虎更危险。我们把鞋脱在丛林边上，光着脚爬了进去。最后我们爬到一片竹林里，我勉强蹲在哥哥身后，直到他把老虎射死。要是那只没礼貌的野兽胆敢伸出利爪攻击我，我甚至做不到用鞋子还击。

在面对各种危险时，我哥哥就是这样给了我完全的自由——不管是内在的，还是外在的。任何惯例习俗都约束不了他，因而他能够帮我祛除畏惧和怯懦。

30

《暮歌》

如我前面所说，在内心封闭的状态下，我写了一些诗，在莫西达先生编选的我的作品集中，以《心灵荒野》为名收录在一起。后来出版的《晨歌》中有一首诗，其中有如下几行，这部诗集的名字便是由此而来：

有一片广袤的田野，它的名字叫"心"，
树枝交错，摇动着黑暗
仿佛一个婴儿。
我在深处迷路了。

那时我与外界没有来往，我沉迷于自己的心灵冥想之中，想象迷失于毫无缘由的情感与漫无目的的渴望。当时所写的大部分诗，都被摈弃于这部诗集之外，只有几首原来收集在《暮歌》里的诗，被选进了《心灵荒野》。

我哥哥乔提仁德拉和他妻子离开家，作了一次长途旅行，他们在三楼的房间就空了出来，面对着屋顶阳台。我占用了这几间房，还有阳台，一个人整日待在那里。这般独处时，我不知怎的就从以前陷入的诗歌惯例中滑了出来——也许是因为和自己想去取悦的人隔断了。他们对诗的品位形成了一种模式，而我试图把自己的思想套进去；现在，我自然而然地获得了自由，摆脱了他们强加于我的风格。

我开始在石板上写作，这也有助于我的解放。我以前爱用手稿本，它似乎要求我的诗飞得很高，让我努力想办法和他人比较。而那块石板，显然很适合我当时的心态。"别怕，"它似乎说道，"随意写吧，一擦就都掉了！"

我在无拘无束地写了一两首后，感到心里涌出极大的喜悦。"终于啊，"我在心里说道，"我写出自己的诗了！"千万别觉得我这样说是自傲。对于我以前的作品，我还是感到很骄傲的，会毫无保留地向它们致敬，但我拒绝把这种自我实现称为自傲。父母在第一个孩子身上感到喜悦，并不是为孩子的容颜而骄傲，而是因为他是自己亲生的。要是碰巧孩子很优秀，他们也许会感到光荣，但这是不同的。

在这种喜悦的初次浪潮中，我对韵律的束缚毫不在意，如同溪水不是笔直流淌，而是自由地蜿蜒伸展，我的诗亦是如此。以前，我认为这简直就是罪过，现在却很坦然。自由首先打破了规则，然后制定出服务于真正自治的规则。

我的这些不规则诗歌的唯一听众，是阿克谢先生。他初次听到时，既惊讶又高兴。有了他的赞赏，我的自由之路更宽了。

维哈里·查克拉瓦蒂的诗，采用的是三个节拍的韵律。这种三拍的节奏产生了一种圆滑的球体效果，不像两节拍那样刻板。它自在延展，随着脚镯的叮当节奏舞蹈着掠过。有一段时间，我非常喜欢这种韵律。那种感觉，更像是骑自行车，而不是步行，而我已习惯于这般前行。在《暮歌》中，我不假思索地摆脱了这个习惯，我也没再受到任何其他的约束。我感到彻底自由了，无所顾忌，并不担心会受到质疑。

我通过写作获得的力量，摆脱了传统的束缚，引领我发现，我一直在不可能的地方寻找的东西，其实一直存在于我内心深处。只是由于缺乏自信，我才无法成为我自己。我觉得自己从束缚之梦里站了起来，发觉自己并未披枷戴锁。我特意欢呼雀跃，以确认我可以自由活动了。

对于我来说，这是我写诗生涯里最值得纪念的阶段。作为诗歌，《暮歌》也许并没有太大价值，实际上还很粗糙，不管是韵律、语言还是思想，都未明确成形。这些诗唯一的优点，在于它们是我第一次按照自己的喜好，写出的我所想写的。即使这些作品没什么价值，这些喜好也一定是有价值的。

31.
一篇关于音乐的文章

　　我申请去学习法律的时候，父亲把我从英格兰叫了回来。有些老朋友关注我学业的中断，敦促父亲再把我送出去。于是我便开始了再赴英格兰的旅程，这回有位亲戚陪伴。然而我的命运坚决不服从法律的召唤，这一次连英格兰都没到达。因为某些原因，我们只好在马德拉斯[1]上岸，返回加尔各答。返回的原因并不像这件事的结果那么重要，但由于这玩笑不是针对我的，在这里我就不提了。我曾两次试图到拉克什米[2]神龛前朝拜，都被拦了回来。但我希望法律之神至少会用赞许的眼神看我一眼，没给法律图书馆增添负担。

---

[1] 马德拉斯，印度城市，现名"金奈"。
[2] 拉克什米，印度财富之神。

我父亲当时在摩索里山上，我诚惶诚恐地跑去见他，但他一点没有生气，反而很高兴。他一定是在我回家这事上，看到了上天的祝福。

在出行的头一天晚上，应白求恩学社的邀请，我在医学院礼堂里宣读了一篇论文。这是我第一次公开演讲。班纳吉牧师是当时的主席。演讲的主题是音乐。不提器乐，我试图阐明声乐的首要目标和终极目的，是要把文字所要表达的内容更好地表现出来。我的论文很短。我一边歌唱一边表演，来展示我的主题。结束时主席赞美我，一定只是因为我年轻的嗓音和各种迫切的努力很有感染力。但我今天必须承认，我那天晚上热情洋溢地表达的意见，是错误的。

声乐的艺术自有其独特的作用和特点。当声乐与文字配合时，文字不过是乐曲的运载工具，不能过度利用这个机会去超越乐曲。曲调本身就很丰富，为何要服务于文字呢？只有当文字无法表达之时，音乐才开始。音乐的力量藏在那些无法表达的地方，它告诉我们的，是文字无法做到的。

所以对于一首歌，文字的负担越小越好。在印度斯坦的古典曲风里，文字丝毫不重要，而是让曲调以自己的方式去吸引人。当曲调形式得以自由发挥，把我们的意识带入奇妙的境地时，声乐才会趋于圆满。但是在孟加拉，文字总是强行介入，当地歌曲因此不能发挥全部的音乐作用，只能满足于作为诗歌艺术之姊的侍女。从古老的毗湿奴派诗人的作品，一直到尼都先生的作品，她只能在背景里展示她的魅力。但在我国，妻子以承认自己的依赖而统治丈夫，我们的音乐也是如此，表面上只是服侍歌曲，最终却统治了歌曲。

在写歌时，我经常会感受到这一点。当我自己哼哼着写下这样的诗行时：

> 不要独守你的秘密，我的爱，
> 悄声细语地告诉我，只告诉我。

我发现文字本身无法进入那领域，它被乐曲驱离。曲调将秘密告诉了我——我一直恳请听到的秘密，它和绿色林荫的神秘混在一起，沉浸在月夜静寂的白光里，透过地平线后面无限蔚蓝的面纱窥视着——这就是大地、天空和水的温馨秘密。

我少年时听过一句歌词：

> 爱，是谁将你打扮成异乡人？

这一行歌词描绘的画面如此美妙，即使现在依然萦绕我心。有一天，我坐下来给自己的歌曲填词，心头满是这段曲子。哼着我的曲调，我写下了歌词：

> 我认得你，哦，来自异乡的女人！
> 你的家乡在大海的另一边。

如果不是现有曲调的话，我不知道这首诗余下部分会成为什么样子，而神奇的乐曲向我展示了极为可爱的异乡人。是她，我的灵魂说，来了又去，从神秘之海的对岸，作为信使来到这个世界。是她，在秋露的清晨，在春天芬芳的夜晚，在我们内心最深处，被我们时不时瞥见——有时，我们仰首倾听她的歌声。在通往这个魅力世界的门口，曲调的异乡人，如我所言，从我身边飘过，余下的文字就是写给她的。

很久以后，在伯尔普的一条街上，一个乞丐歌手边走边唱：

> 未知的鸟儿，如何飞进又飞出笼子！
> 啊，要是我能捉住它，我会以爱给它戴上脚环！

未知的鸟儿，如何飞进又飞出笼子！
啊，要是我能捉住它，我会以爱给它戴上脚环！

我发现这个歌手所说的与我以上所述的就是同一件事情。未知的鸟儿，有时会屈身于鸟笼的栅栏，低声倾诉未知远方的无尽波澜。心灵想要将它紧紧抱住，却又做不到。除了曲调，还有谁能告诉我们未知的鸟儿的来来去去呢？

　　这就是为什么我总是不愿把歌词出版发表，因为这样做是没有灵魂的。

32

河边

当我从第二次赴英的旅程中折返回家时，我哥哥乔提仁德拉和我嫂子住在昌德纳戈尔德河边别墅里，我就去那边和他们住在一起。

又见恒河！又是那些无法言说的日日夜夜，慵懒的喜悦、期待的悲哀，和着两岸丛林清爽的浓荫喁喁低语的忧伤。阳光明媚的孟加拉天空、南方吹来的微风、恒河的流淌、理所当然的慵懒、宽阔的悠闲，从地平线到地平线，从绿地到蓝天，无尽伸展，对于我就仿佛是饥人之食，渴人之饮。这里真的感觉和家一样，这里的万物让我感觉到母亲的爱抚。

时间并未过去多久，然而已发生诸多改变。我们河边的小巢，原本是绿荫环绕，现在绿荫却被工厂取代。周围的工厂毒龙一般昂着咝咝作响的脑袋，四处喷吐黑

我在河边的这些美好的日子漂流而过，
就像是在圣河献上的无数莲花，顺流而下。

烟。在现代生活的炙烤下，精神午睡被压缩到最短的时间，多重烦躁侵入生命的各个方面。也许这是为了过上好日子，但就我而言，无法称其为"好"。

　　我在河边的这些美好的日子漂流而过，就像是在圣河献上的无数莲花，顺流而下。有几个雨天的下午，我真的有些抓狂，自己编曲哼唱着古毗湿奴派的诗，用风琴给自己伴奏。另外一些下午，我们坐船顺流而下，我哥哥乔提仁德拉奏着小提琴为我的歌声伴奏。以普拉维¹起始，随着一天的时光流逝变换音乐。在弹奏贝哈加的时分，我们眼见着西方的天空关闭了生产金色玩具的工厂大门，而月亮正从东边的林梢升起。

　　然后我们划船回到别墅的石阶边，坐在面对恒河的阳台铺开的褥子上。那时，银色的宁静休憩在河岸和水面上，几乎没有船只划过，河岸上的树梢模糊为一层深影，静静流淌的河水闪烁着月光。

　　我们住的别墅叫作"莫兰花园"。石头台阶从水边通往宽大的阳台——也是房子的一部分。房子的结构并不规则，不全在一个平面，有时要登上几步台阶。俯瞰

---

¹ 印度很多古典乐曲被认为最好与时共奏，例如某个季节，或某个时辰。"普拉维"是黎明的乐曲，而"贝哈加"是迟暮的乐曲。

河边石阶的大客厅的染色玻璃上嵌着彩画。

有一幅画面是，秋千从半隐在浓荫里的树干上垂吊下来，在凉亭投下的光影里，两个人正在荡秋千；另一幅是，宽阔的台阶通向城堡似的宫殿，台阶上满是身着节日盛装的男男女女，来来往往。当阳光照在窗子上的时候，这些图画光彩熠熠，仿佛让河边的氛围盈满了节日的音乐。遗忘已久的欢宴，似乎在寂静无言的光影里诉说；荡秋千的那对恋人，爱意浓浓，永恒的故事让河岸的林木生动起来。

这座房子最高的那间屋子建在圆塔里，四面开窗。我常在这间屋子里写诗。那里只能看到环绕的树梢、开阔的天空。我当时忙于创作《暮歌》，关于这间屋子，我写道：

那里，在无垠天空的怀里，云朵睡去。
诗啊，我为你造好了房子！

33.
再谈《暮歌》

　　此时，文学评论家们说我是一个韵律不齐、说话口吃的诗人。有关我作品的一切都被认作是模糊隐晦的。虽然当时我对此不太理会，但这些批评并非毫无根据。我的诗的确缺乏真实世界的支撑。在我少年时的幽闭之中，我要到哪里去获得必要的材料呢？

　　但有一件事我拒绝承认：在对我的模糊的控诉背后，暗含一种讥讽，说我的诗为了效果而故意装腔作势。视力好的人，很容易嘲笑戴眼镜的年轻人，好像他戴眼镜是为了装饰。对于这个可怜之人，有想法是可以的，但非要责备他假装戴眼镜，就太不地道了。

　　模糊的星云不是从外部创造出来的——它只代表着一个阶段。把所有不够明确的诗都舍弃掉，并不能把我们带向文学的真实。只要一个人的不同阶段都得以真实表达，就值得保留——只有表达不真实时才可以摒弃。在生命中有一个阶段，他的痛苦无法表达，他的愤怒模糊含混。努力表达这种情感的诗，不能说是没有根基的——顶多是诗没有价值——甚至也不能这样说。罪责不在于所表达的，而在于表达的失败。

人具有二重性。内心的那个人，存在于外部涌动的思想、情感和事件后面，人们对其所知所想甚少。尽管如此，这仍然是生命进程的一个要素，不能被丢掉。当外部生命无法与内在生命和谐共处时，内心的那个人就会受到伤害，痛苦就会以一种莫名的，甚至是难以描述的形式展示给外部意识，哭喊更像是口齿不清的哭号，而非语意清晰的文字。

我尝试在《暮歌》中表达的悲哀与痛苦，植根于我的生命深处。如同一个人昏睡时意识与梦魇搏斗，努力想醒过来，那个深陷的自我想要奋力摆脱纠缠，挣扎出来。这些"歌"就是那段挣扎的历史。诗和所有的创造一样，存在着对立的力量。要是分歧太大，或是过于统一，那么在我看来，就没有诗的空间了。当不和谐的痛苦努力尝试获得，并表达要臻于和谐的决心，诗便迸发并进入音乐，一如呼吸进入笛子。

《暮歌》刚出版时，并没有受到鼓乐齐鸣的祝贺，但也不乏仰慕者。我在别处讲过这样一个故事：在拉米施·昌德拉·杜特先生长女的婚礼上，班吉姆先生来到门前，主人按惯例以花环来迎接他。当我走上前时，班吉姆先生马上把花环摘下来套在我脖子上，说道："把花环送给他吧，拉米施，你没读过他的《暮歌》吗？"杜特先生说他还没看过。班吉姆先生谈到其中几首诗时的态度，让我很是感动。

《暮歌》让我得到一位朋友，他的赞赏如阳光，刺激并指引了我稚嫩的努力。他便是普利亚纳·辛先生。在这之前，《破碎的心》让他对我彻底失望了，我靠《暮歌》又把他赢了回来。认识他的人都知道，他是文学七海[1]的专业导航员，不管是高速路还是小路，几乎所有的语言，不管是印度的还是外国的，他都一直穿行其间。和他谈话，能瞥见思想世界里最偏僻的景致。这对于我来说弥足珍贵。

他会信心满满地给出文学意见，而不必让无助的品位来引导他的好恶。他这种权威性的批评，也对我帮助极大。我曾把我写出的所有作品读给他听，如若没有他的鉴赏甘霖，我早期的耕耘不知是否还会有今天的收获。

---

1 七海，在印度童话和民间传说中，世界上有七个海和十三条河。

34.
《晨曲》

在恒河边，我也写了一些散文，并没有什么特定的题目和计划，只是以男孩扑蝶的心情写的。当春天来临时，心里生出五彩的幻想，游来荡去，倏忽即逝，平常日子里并不会留意。在那些悠哉的日子里，或许我只是一时兴起，要把降临于我的幻想收集起来；又或许我进入了获得解放自我的另一阶段，破茧而出，决定想要怎么写就怎么写。写什么我并不在意，只要我在写，就足够了。这些散文片段后来以《杂题》为名发表了，只印了一版，没有再版的命。

我记得就是在这段时间，我开始写第一部小说《王后市场》。

我们在河边住了些日子后，我哥哥乔提仁德拉搬去了加尔各答的苏达尔街的一所房子，靠近博物馆，我也过去和他住在一起。我在那里接着写这部小说和《暮歌》。这时，一场重大的革命，在我心里发生了。

一天下午的晚些时候，我在乔拉桑科屋顶的阳台散步。落日的余晖照着苍凉的黄昏，让即将降临的暮色具有一种奇特的魅力。邻家的墙壁，似乎都美妙地闪闪发亮。我在想，黄昏的光线是否有魔力，揭开了日常世界琐碎生活的盖子？绝不是的！

我当即就明白了，是黄昏的作用进入了我的心，它的阴影湮没了我的"自我"。在明晃晃的白日，自我很猖狂，我所感知的一切都被自我所混淆。现在，当自我被置于背景当中，我才得以看见这个世界本真的样子——没有丝毫的琐碎，而是充满了美丽和喜悦。

这次经历过后，我屡次有意尝试压抑我的自我，作为一个旁观者看待这个世界，每一次都会得到回报，涌起特别开心的感觉。我记得我还尝试过向一位亲戚解释，如何在真实的光里看待这个世界，以及在如此看待之后，自己的重负感如何即刻减轻。但我觉得，我并没成功。

接着，我获得了一种更深远的启示，贯穿了我的一生。

从我们在苏达尔街的房子里能看到这条街的尽头，还有对面福利学校操场上的树木。有天早上，我恰巧站在阳台上往那边看，太阳正从枝叶茂密的树上升起。我继续凝望，突然间似乎有一层雾障从我的眼前滑落，我发现世界沐浴在奇妙的光辉里，美丽和喜悦的波浪四处涌起。一瞬间，这光辉穿透我心头累积的层层悲哀和消沉，宇宙的光明照满了我心。

就在那天，《瀑布的觉醒》那首诗喷涌而出，仿佛一条奔流不息的瀑布。诗写完了，而宇宙的快乐没有再被遮掩。从此以后，世上再没有人或物在我看来是微不足道，或是令人不快的。接下来的第二天，或者是第三天，发生了一件特别令人吃惊的事情。

有个奇怪的家伙时不时来找我，问各种傻气的问题。有天他问道："先生，您亲眼见过神吗？"我说没见过，他断言说他见过。"你看见什么啦？"我问道。"他在我眼前翻腾打滚！"他答道。

可以想象，人们一般不屑于和这样的人瞎聊，而且我当时正专心致志地写作。但他属于那种无害之人，我不愿伤害他的敏感之心，所以就尽量容忍他。

他有天下午来看我，这一次我却觉得确实很高兴见到他，热情地欢迎他。他怪异和愚蠢的外衣似乎滑落了，我满心欢喜接待的，才是真正的那个人，一点也不比我低下，而且还与我紧密相关。见到他，我丝毫不觉厌烦，

突然间似乎有一层雾障从我的眼前滑落，
我发现世界沐浴在奇妙的光辉里，
美丽和喜悦的波浪四处涌起。

也没觉得与他交谈是在浪费时间，心里特别高兴，就像是揭开了一层不真实的包裹，这层包裹曾让我无缘无故地蒙受了那么多的不快和痛苦。

我站在阳台上的时候，每一个走过的行人，不管是谁，他的步态、身材和相貌，在我看来都格外美妙，从我身旁流淌而过——宇宙之海的波浪。孩提时代，我只用眼睛观看，而现在我用整个意识去看。当我看见两个微笑的年轻人，开开心心地在路上走着，一个人伸手搭在另一个人的肩上时，我不再认为这是个微小的瞬间；因为通过这个场景，我能看见深不可测的永恒快乐之泉，迸溅出无数的欢快水花，打湿了全世界。

我以前从未注意到，四肢和表情会随着一个人最细微的活动而运动；如今我沉迷于它们的丰富，留意到人们的一举一动、一颦一笑。我看见它们不再是分开的个体，而是令人惊叹的宏大而美丽的舞蹈的一部分，在人类世界里生生不息，在每一个家庭里，在五花八门的愿望和活动中。

朋友和朋友一起欢笑，母亲抚慰着孩子，一头牛挨着另一头牛，舔着它的身子，这一切背后的那种无限，直接进入我的心里，带着几近痛苦的冲击。

在这段时期，我写道：

我不知道，

为何我心突然打开大门

让世上的众人涌入，彼此问候——

这不是诗意的夸张。其实，我那时尚不具备把我全部的感受都表达出来的能力。

有一段时间，我沉浸在这种忘我的狂喜中。后来我哥哥想要去大吉岭山，我心想这就更好了。比起在苏达尔街，在辽阔的喜马拉雅山顶，我能更深入地看见世界所昭示于我的。我具备了新的看见幻象的能力，无论如何我将看见喜马拉雅山会怎样展示自我。

但获胜的却是苏达尔街的小房子。爬上山后，我环顾四周，马上意识到我失去了新的幻象。我的罪过在于，以为自己可以从外界获得更多的真理。不管群山之王如何高耸入云，他却没有礼物馈赠给我；而那位给予者，却能在最狭窄的小巷子里，一瞬间让我照见永恒宇宙的幻象。

我在枞树林中漫步，坐在瀑布边，在水中沐浴，天空无云，我凝望着干城章嘉峰，但在这些我看起来极为相似的地方，我却没有找到"它"。我来到这里，就是为了结识"它"，却再也没见到。当我正在欣赏宝石的时候，盒盖却突然关上了，我只能盯着关上的首饰盒。但这盒子做工如此精美，我肯定不会把它当作一个空盒子。

我的《晨歌》写到结尾了，它最后的回声，和我在大吉岭所写的《回声》一同消隐了。这显然令人费解。关于它的真实含义，我的两个朋友还特意打赌。我唯一的安慰在于，当他俩来找我做解释时，我同样无法解释这个谜，所以他俩谁也没输钱。唉！我写下《莲花》和《湖》那样极其朴素诗篇的日子，一去不复返了。

但我们写诗，是为了解释什么吗？内心所感受到的，会尝试在外部形成一首诗。所以，当听完一首诗后，有人说他没懂，我感到很尴尬。要是一个人嗅着花香，说他不懂，就该这样回答他："没什么要懂的啊，就是香气而已。"如若他还坚持说："这个我知道，但花香意味着什么？"那最好换个话题，或者更玄妙些，说花香是宇宙的喜悦之形显现在花朵里。

文字是具有含义的，难就难在这里。这也是为什么诗人要翻来覆去地调整韵律和诗行，以便让含义得到约束，让情感有机会表达自己。

情感发声，不是真理本质的声明，也不是科学事实。比如一滴眼泪，或一个微笑，它不过是内心所出现的画面而已。如果科学或哲学可以从中获得些什么，那很好，但诗并不为此而存在。摆渡过河时，抓了条鱼，你很幸运，但这不会让渡船成为渔船；摆渡人不以捕鱼为业，你也不应该责怪他。

《回声》是很久以前写的，现在已无人在意，没人喊我讲述它的含义。但是，不管这部诗集有着怎样的优点或缺陷，我可以向读者保证，我并无意出个谜语，或是别有用心地传递所谓博学多才的训导。事实上，我心中产生了一种渴望，我找不到任何其他的名字，只能将我所渴望的称为《回声》。

当源自宇宙之音源头的泉水向外迸溅时，它们的回声在我们心中鸣响，传至我们所爱之人的脸庞，以及我们身边其他美好的事物。我认为它一定是我们热爱的回声，而不是碰巧反映出来的事物本身。我们今天不屑一顾的，明天也许会吸引我们全部的关注。

很久以来，我一直以外在的幻象来看待世界，因而无法看见喜悦的全貌。突然，从我生命的最深处，一道光找到了出路，为我照亮了整个宇宙——从此，它不再是事和物的杂乱堆积，而是作为整体呈现于我的眼前。这段经历似乎在告诉我，从宇宙中心涌现的音乐之泉，洒满了时间与空间，作为喜悦的波涛不停地回响，并流回到源泉。

从宇宙中心涌现的音乐之泉，洒满了时间与空间，作为喜悦的波涛不停地回响，并流回到源泉。

当艺术家从盈满之心的深处歌唱时，那必定是喜悦的。当他作为一个倾听者，听到同一首歌飘荡回他身旁时，那喜悦又翻了一倍。当大诗人的创作在汹涌的喜悦中又流回他自己时，我们让它流过我们的意识，马上，我们会觉察到洪流所要流向的终点，尽管无法言说。而且，当我们意识到爱已前行，我们的"自我"也已启航时，就欣欣然顺着喜悦之河流向终点。这便是我们见到"美"时，扰动我们内心渴望的意义所在。

从无限流向有限的河流——即为"真"，即为"善"——要受到法则的约束，具有确定的形体。而它传回无限的回声，即为"美"和"喜悦"，很难触碰和把握，因此才让我们心醉神迷。这就是我在《回声》里，用一个比喻或一首歌所要尝试表达的。所以无怪乎结果并不清晰，因为那时的尝试本身就不清晰。

让我在这里引用一段我在数年后写的关于《晨歌》的一封信的内容。

"世上空无一物，皆在我心中。"——是一种心态，属于一个特定的年纪。当心灵初次觉醒时，它伸出手臂想要抓住整个世界，如同初长乳牙的婴孩，以为万物都是用来吃的。逐渐地，婴孩会理解究竟什么是想要的，什么不是。然后婴孩模糊的辐射物会收缩、被加热，然后释放热量。

起初想要得到全世界，但一无所得。专注于愿望，以生命的全部力量专注于一件事物，不管是什么，通往无限之门就会清晰可见。那些晨歌，就是我的内在自我初次向外的投掷。它们没有做到如此的专注。

而初次喷涌而出淹没一切的喜悦，会引领我们结识特定的事物。湖水满溢便会寻找河流作为出口。在这方面，后来的永恒之恋要比初恋狭窄。它在行动方向上更为明确，渴望在每一部分都实现整体，被驱动着走向无限。它最终到达的，不再是心灵内向的喜悦——这喜悦之前曾无限扩展——而是与外在世界的无限现实相融合，从而获得它自身所渴望的全部真理。

穆海达先生编辑的《晨歌》，放在以《出现》为题的组诗里。在这组诗里，可以找到我从《心之荒野》走出，进入空旷世界的端倪。此后，这颗朝拜的心与世界相识，一点一滴，一寸一寸，以各种方式。最终，滑过无数变幻无常的码头台阶，它到达了无限——并非不确定的模糊可能性，而是真理的圆满实现。

从孩提时代起，我就与自然简单亲密地相处。我们花园里的每一棵椰子树，在我看来都有各自的性格。从师范学校放学回家，我看见屋顶凉台后面的天际，灰蓝色的雨云厚厚地堆积，内心立刻充满了无限的喜悦，直到今天我还能清晰地回忆起来。每天早晨睁开双眼，欢乐的世界正在觉醒，招呼我作为玩伴加入；炽热的正午天空，漫长寂静的午休时间，又会将我从每天工作的世界引开，带入隐士的洞穴；黑暗的夜晚则会开启通往幻影之门，带我掠过七海十三河，穿过一切的可能与不可能，直达幻境。

然后在青春伊始的一天，我饥饿的心灵开始哭喊着要吃的，一道障碍在内部和外部的游戏之间砌了起来。我的整个生命围绕着我痛苦的心灵不停旋转，在内心形成一个漩涡，将意识禁锢于其中。

内部和外部之间失去了和谐，源于饥饿内心的过度要求。随后我曾有过的共享特权又受到了限制，我便在《暮歌》中哀叹出来。在《晨歌》中，我因栅栏上突然开启的门而欢呼。我不知是何种力量将其打开的，穿过那道门，借助于分离的力量，我重新获得了迷失的自我——不是从前已知的自我，而是更加深沉、更加圆满的自我。

就这样，我生命中的第一本书，就以这些分分合合的章节结尾；抑或，不应说是结尾，同样的话题还在继续，只是更为复杂，需要更精心的解答，才能得出更宏大的结论。每个人来到这里，只能写出一本生命之书，在各个部分，以螺旋的方式沿着不断扩展的半径成长。粗略一看，每一部分似乎与其他部分不同，但实际上又都轮回到同一支歌的起始中心。

我前面提到过，我在写《暮歌》期间所写的散文，以《杂题》为名发表了；写作《晨歌》时的那些散文，出版时题名为《讨论》。这两组散文之间的不同特点，可以作为很好的索引，查阅我当时内心所发生的变化的性质。

第七部分

当心灵之弦调至与宇宙和谐时，

宇宙之歌每一刻都会唤起心灵的共鸣。

35.
拉仁德拉哈尔·密特拉

　　就在那段时间，我哥哥乔提仁德拉想要创办一家文学院，把有声望的文人聚集起来，目标是为孟加拉语汇编权威性的技术词条，再以其他方式促进其成长——这样一来，它就和已经成形的现代文学院的作用没什么区别了。

　　拉仁德拉哈尔·密特拉博士对创办文学院的想法颇具热情，后来还当了院长，尽管文学院存在的时间不长。当我去邀请潘迪特·维德亚萨加时，他听我解释了学院的目标和想要邀请的人的名单，然后说道："我的建议是不要请我们加入——和这些大脑袋在一起，什么事都做不成。他们从不会彼此认同。"出于这个原因，他拒绝加入。班吉姆先生倒是加入了，但我不敢说他对这项工作有多大兴趣。

这么说吧，在文学院存在期间，拉仁德拉哈尔·密特拉独自承担了一切。从地理名词开始，拉仁德拉哈尔博士自己列出清单，又打印出来征求会员们的意见。我们还有个想法，要按照读音把每一个外国国名译成孟加拉文。

维德亚萨加先生的话应验了，要让大脑袋们做事真是不可能的，文学院萌芽后不久就枯萎了。但拉仁德拉哈尔·密特拉博士是一位全才，他自己就是一个学院。我为文学院的付出，得到了太多的回报，因为可以与他为伴。我见过许多当代的孟加拉文人，但没人给我留下过像他一样光辉的印象。

我经常去他的办公室看他。他的办公室在马尼克塔拉的监狱法庭。我一般是上午去，总见他忙于研究。因为年轻顾虑少，我会毫不犹豫地打扰他，但他从没在意过。他一见到我，就会推升工作，和我说话。人家都知道他有点听力障碍，所以他很少给我提问的机会。他会提及一些广泛的话题，滔滔不绝地讲起来，正是这些谈话把我吸引到那儿去的。任何别的人，都不会给我如此丰富的建议，谈及如此不同的话题，让我入迷地倾听。

我记得他是教科书委员会的成员，每一本送来审核的书，他都读过，用铅笔做过注解。有时他会挑一本出来，专门用于孟加拉语言结构的讨论，或者用于泛泛的哲学讨论，这对我益处极大。没几门课的题目是他没研究过的，而每一门研究过的，他都能详细地解释清楚。

要是我们没有依赖那些我们找来的文学院成员，而是把一切都交给拉仁德拉哈尔博士的话，毫无疑问，目前文学院所忙乎的，远不如他一个人能做的状态好。

拉仁德拉哈尔·密特拉博士不仅是位渊博的学者，还个性鲜明，这从他的容貌里焕发出来。他在公众场合火力十足，却也能和蔼地放松下来，和我这么一个年轻人谈论最艰深的话题，不带一点傲慢的语气。我甚至利用了他的谦逊，为《婆罗蒂》拿到了他的一篇稿子——《阎王的狗》。对和他同时代的其他大人物，我就不会如此随意冒昧，即使去了，也不会受到一样的待遇。

但当他出征时，他的对手——市政公会或是大学评委会成员，会怕得要命。在那些日子里，克里斯图·达斯·帕尔是圆滑的政治家，而拉仁德拉哈尔·密特拉是勇敢的战士。

做亚洲学会的书刊和相关研究时，他得雇用几位梵文先生，为他做一些机械的工作。我记得这件事给了那些狭隘嫉妒之人一个机会，说所有的事都是梵文先生做的，拉仁德拉哈尔窃取了一切荣誉。时至今日，我们还经常发现这类蠢人将狮子的成就攫为己有，而把主角当作一个装饰性的傀儡。如果一支笔有心，它定会悲愤不平，认为自己一身墨渍，而作者一身荣耀。

奇怪的是，这位杰出人物直到死也没得到国人的认可。其中一个原因，可能是在他去世后不久维德亚萨加也死了，举国都在哀悼维德亚萨加，没有心思再去留意其他的逝者。另外的一个原因，可能在于他主要的贡献是在孟加拉文学之外，从而没能深入人民心中。

36.

卡尔瓦尔

我们在苏达尔的聚会，后来转移到了西海岸的卡尔瓦尔。卡尔瓦尔是卡纳拉区的首府，在孟买省的南部。在梵文文学中，那里处于马来亚山地带，盛产小豆蔻蔓和檀香树。我二哥当时在那里做法官。

这个群山环绕的小海港非常偏僻，一点也不像个港口。新月形的海岸面对无边的大海伸出双臂，像极了要迫切拥抱无限。广袤的沙滩镶着木麻黄树林的边儿，其中一侧被卡拉纳迪河冲断——这条河流经两岸幽深峡谷，汇入大海。

我记得在一个月光明亮的晚上，我们坐着一只小船逆流而上。我们在希瓦吉的一处古山堡上岸，走进一个打扫得极为干净的农家院子。月光从外墙顶上倾泻而下，我们坐在那里，把带来的食物都吃光了。回去的时候，我们让小船顺流而下。夜色笼罩着寂静的山林，静静的卡拉纳迪小河水面上洒满了月光。过了很久，我们才到达河口，于是便没从海上回家，而是下船从沙滩上走了回去。夜色深沉，大海静默不语，甚至连木麻黄树喋喋不休的低语也停了下来。树影一动不动地挂在广阔沙滩的边缘，地平线上蓝灰色的山脊在夜空下恬静地睡着。

穿过沉寂的无边白色，我们几个人拖着影子，一言不发地走着。到家后，我的睡意迷失在更为深沉的迷境之中。我在那天夜里写的那首诗，和那遥远海岸的夜晚纠结在一起。要是把诗和缠绕在一起的记忆分开，我不知读者会作何反应。出于这一疑虑，我没有将这首诗收入穆海达先生出版的我的作品集里。我相信在我的回忆录里，把这首诗记下来，没什么不妥：

让我沉下去吧，在午夜的深处迷失。
让大地松开我，让她释我于尘世的纠缠。
遥远地守望我，哦，星辰，与月光沉醉，
让地平线的翅膀围绕着我。
无歌，无词，无声，无触；无睡，无醒——
只有月光，扑面而来的狂喜。

穿过沉寂的无边白色，

我们几个人拖着影子，

一言不发地走着。

世界于我，仿佛一只载满朝圣者的船，

消失于遥远的蓝天里。

水手的歌声，在空气中渐行渐远，

而我沉入无尽之夜的怀里，

离自己越来越远，缩进一个点。

有必要在这里说明，不能认为在感情满溢时写的东西，就一定是好作品。此作不如说是有感而发的表达。让作者完全摆脱所要表达的感情是不可能的，但要是他与之过于密切，也写不出最真实的诗歌。记忆是画笔，能涂抹出真实诗意的色彩。太近会过于强迫，而想象亦无充分自由，除非摆脱掉它的影响。不仅诗歌如此，所有的艺术，艺术家的心灵都必须获得某种程度的超脱——内心的"创造者"必须获得自治。如果题材压过了创造，结果无非是事件的复制，而非通过艺术家的心灵反映它。

37.
大自然的报复

在卡尔瓦尔，我写下了诗剧《大自然的报复》。主角是一位隐士，他切断一切欲望的桎梏，力争达到真实深切的自知。但一个小姑娘把他从无限之中带回到尘世，让他又陷入人类情感的枷锁。隐士回归后，他意识到伟大其实存在于渺小之中，无限存在于形体之内，而灵魂永恒的自由存在于爱中。只有在爱之光中，一切有限才能融于无限。

卡尔瓦尔的海滩，无疑是合适的地点，让我们了解到自然之美并非想象中的海市蜃楼，而是无限喜悦的反映，吸引我们融入其中、丢掉自我。当宇宙在其自身法则中展示自我的时候，我们若是对它的无限有所忽略，并不为奇；但当心灵在最卑微之物的美中与无限直接接触时，还有什么争论的余地吗？

大自然通过心灵之路，把隐士带到无限的面前，而无限是以有限加冕的。在《大自然的报复》中，一方面是行者和村民，满足于家里的琐事，对外界一无所知；另一方面，隐士忙于抛弃所有的一切，而自己则进化到想象的无限之中。当爱于二者之间架起桥梁时，隐士与户主相遇，表面的有限琐事与表面的无限虚空，便一同消失了。

除了形式稍有不同外，这是我自身经历的故事，描写了光明如何照进我的深穴。我与外界彻底隔离，隐于穴中，光明让我与大自然更彻底地成为一体。《大自然的报复》可以看作我之后所有作品的介绍，或者说，这是我所有作品所涉及的主题——在有限之中获得无限的喜悦。

从卡尔瓦回来的路上，我在船上为《大自然的报复》写了几首歌。我坐在甲板上写下了第一首，哼唱时内心充满了喜悦：

母亲，把你亲爱的孩子交给我们吧，
我们带他到田野去，在那儿放牧牛羊。

太阳升起来了，花蕾也已开放，牧童们去往牧场，

灵魂永恒的自由存在于爱中。

但他们不会拥有阳光、鲜花，牧场上的游戏也将索然无味。他们要和克里希纳[1]在一起，在一切美好当中。他们要在精心装饰的爱中，见到无限。他们早早出门，因为想要加入快乐的游戏，在树林，在田野，在山峦，在溪谷——而不是在威严的权力之下，远远地仰慕。他们的装备极其简陋，一件朴素的黄衫，一个野花编出的花环，就是他们所要的所有饰品。当欢乐君临一切时，苦苦寻猎，或是铺张浪费，都会失去它。我从卡尔瓦尔回来后不久，就结婚了，那年我二十二岁。

---

[1] 克里希纳，印度教的神祇，毗湿奴的第八个化身。传说他儿时在村落中牧牛。

38.
《画与歌》

　　《画与歌》是一本诗集，其中大部分诗作都是在这段时期写的。

　　当时我们住在下环路一栋有花园的房子里，南边挨着一大片穷人区。我经常靠窗口坐着，观望这片挤满人的居住区。我喜欢看他们干活、玩耍、休息，看他们来来往往。在我眼里，这幅景象就如同一个生动的故事。

　　那时，我具有一种丰富的视觉想象力。每一幅小小的画面，我都用想象之光和心底的愉悦串联起来；而且，每一幅画面，都由它自身的感染力涂上了各种颜色。把每一幅画面区分开，和画出这些画面的乐趣相同，都是想要用心灵之眼去看肉眼所见的，或是用肉眼看心灵之眼所想象的。

　　如若我是握着画笔的画家，那么毫无疑问，我会努力把那段时期的幻象和创造永远记录下来——当时我的心灵十分活跃。但我不会使用画笔，我拥有的只是文字和节奏。即使是文字和节奏，我也还没学会坚定有力地用笔，颜色也会画到边外。不管怎样，就像第一次使用画箱的年轻人，我用稚嫩青春的多彩幻想，整天画来画去。以我如今二十二岁的眼光来看，即使画面粗糙，颜色模糊，仍能看出一些特点。

我前面说过，我文学生涯的第一本书，最后收录的是《晨歌》。后来再写同一主题，手法就不同了。我深信，这本书开头的很多页都没有价值。在新的开端，必须要经历一些冗余的准备。如果是树上的叶子，到时自然会掉落——不幸的是，书本的叶子到了不需要的时候，依然还牢牢地粘着。这些诗的特色在于对细微之物的密切关注。《画与歌》抓住一切机会赋予其价值，用直接发自心底的感情给它们上色。

确切地说，还不是这样。当心灵之弦调至与宇宙和谐时，宇宙之歌每一刻都会唤起心灵的共鸣。因为这音乐是从心底升起的，作者不会觉得有任何事情是微不足道的。我目光所及之处，都会在我心里得到回应。如同玩耍的孩子，不管他们玩的是沙子、石子、贝壳，或是任何能拿到手的东西（玩耍的愿望来自他们的心底），我们也一样，当内心响起青春之歌时，就会意识到宇宙竖琴的琴弦无所不在，琴声悠扬，近在咫尺的任何东西都可以与我们为伴，没必要去远方寻找。

39

一段中间时期

在《画与诗》和《升号与降号》之间，冒出来一本儿童杂志《儿童》，但没存活多久，就像一年生的植物。我的二嫂觉得孩子们需要一本有插图的杂志。她想让家里的年轻人投稿，后来觉得光投稿还不够，她自己干脆当起了编辑，找我帮忙写稿子。《儿童》出了一两期后，我偶然到德奥古去拜访纳吉那拉彦先生。回程的火车非常拥挤，我好不容易找到个卧铺，顶灯还没罩子，让我无法入睡。我觉得还不如利用这个机会为《儿童》编个故事。不管我怎么努力，故事还是躲开了，睡意反而来了。我在梦中看见一座寺庙的石头台阶上溅满了祭祀牲口的鲜血，一个小女孩和她父亲站在那里，声音怜悯地问道："爸爸，这是什么，为什么有这么多血？"父亲心里非常感动，却故意做出粗暴的样子，让她不要再问下去。醒来后，我觉得故事有了。我有许多这样梦中得来的故事和其他类型的作品。我把这段梦中插曲放进提佩拉的国王格宾达马尼克雅的编年史中，以此为题材为《儿童》写了一小篇连载故事。

那段日子过得极其自在，没有什么事情急于通过我的生活或写作表达出来。我在还没有加入生命之路的那些旅行者当中，还只是个看客——从我在路旁的窗子里观望。我看见很多人为了很多事情奔走，春去秋又来。还有不请自来的雨季，会和我待上一阵子。

而我不仅仅是和季节打交道，还和形形色色、稀奇古怪的各类人打交道。他们像船儿似的从停泊处漂来，有时会闯进我的小屋。有些人是想利用涉世未深的我，利用各种办法去达到他们自己的目的。为了更好地利用我，他们煞费苦心。我那时不谙世事，自己没什么想法，尤其不擅长区分信仰的善恶。我经常猜想，自己曾资助过的那些学生，索要的学费和他们没读过的书一样多。

有一回，一个长头发的年轻人带来一封信，说是他姐姐写给我的。他姐姐在信中请我保护她这个饱受继母虐待的弟弟。其实姐姐和继母都是年轻人瞎编的，但这个年轻人确有其人，这就足以证明他所说的了。但那封所谓姐姐的信对于我实在没有必要——如此精心编造，

从我在路旁的窗子里观望。
我看见很多人为了很多事情奔走，
春去秋又来。

只不过是要打一只并不会飞的鸟。

还有一个年轻人来对我说，他正在读书，想获得文学学士学位，但脑子得了某种病，不能去参加考试。我觉得很着急，但我对医学或任何其他科学都一无所知，真不知道该给他出什么主意。而他则接着解释道，他在梦中见过我太太——他前世的母亲，说只要能喝到她的脚碰过的水，就能痊愈。"也许您不信这类事情。"他最后笑着说道。我说，我信不信并不重要，只要他认为能治病，就可以喝啊。随后我给了他一瓶应该是我太太的脚碰过的水，他后来说感觉好太多了。他从水开始，很自然地升级到固体食物。然后他在我屋角占了一块儿地盘，和他的朋友们大过烟瘾，到最后烟熏火燎，我不得不逃走。毫无疑问，他一步步证明了他的脑子或许真的有病，但脑力并不虚弱。

这次经历过后，还有无数的事例，试图让我相信那些"我前世所生的孩子"。我一定是声名在外，后来我还收到了一个"女儿"的来信。但这一次，我温和而坚定地与她划清了界限。

在这段时期，我和斯里什·钱德拉·马冈达先生的友谊飞快地成熟起来。每天晚上，他和普利亚先生都会到我的小房间来谈论义学和音乐，直到深夜。有时我们就这样谈论一整天。实际上，我的"自我"还没塑造成型，没有发育成坚定而明确的个性，因而我的生命随波逐流，如秋天的云彩般轻飘飘的。

40.
班吉姆·钱德拉

这段时期，我和班吉姆先生开始来往，而我初次见他则是很久以前的事了。当时加尔各答大学的同学在联系年度聚会，昌德拉纳特先生是领头人物。也许他抱有希望，将来的某个时候，我能有资格成为其中的一员。不管怎样，他要我在年会上读一首诗。当时昌德拉纳特先生还很年轻。我记得他翻译了一首崇尚武力的德语诗，准备那天亲自朗诵，还满怀激情地跟我们一起排练。那应该是他当时很喜欢的一首诗，勇士诗人对他心爱之剑的歌颂，会让读者相信，即使是昌德拉特纳先生也曾年轻过，而且年轻时非比寻常。

我在大学年会拥挤的人群中溜达时，突然遇上一个人，立刻吸引了我的注意——他是那种在任何人群中都不会被错过的人。他个子高高的，肤色白皙，神采奕奕，让我按捺不住对他的好奇——他是那天我唯一想认识的人。当我知道他就是班吉姆先生后，我更为惊叹，他的外表与他的作品竟如此般配，一样卓越出众。锋利的鹰钩鼻，紧抿的嘴唇，犀利的目光，都暗示着他的无穷力量。他双臂交叉在胸前，看上去旁若无人，昂首独立于众人之外——这是他最让我感到惊讶之处。他不仅看上去是一位知识巨人，而且额头上还刻有真正王子的印记。

聚会上发生了一件小事，一直深深地刻在我的脑海里。在一间屋子里，一位梵学家正在朗诵他自己创作的梵文诗歌，并用孟加拉文为听众解释。有一个典故不是很粗鲁，却有点庸俗。正当这位梵学家深入解读时，班吉姆先生以手遮面，快速走出了房间。我当时靠近门口，至今仿佛还能看见那个躬着身子越走越远的身影。

打那之后，我就一直想见他，却苦于没有机会。终于有一天，我鼓起勇气去拜访他。他当时在豪拉任代理法官。见面时，我竭尽全力展开话题。但回到家后，我却觉得非常羞愧，似乎不请自去、贸然拜访的我，就像个不懂礼貌而唐突的年轻人。

过后没几年，我成了当时最年轻的作家，但我的成就究竟如何，尚未有定论。我所获得的小小名声，同时掺杂着大堆的质疑，甚至还有不少的不满。当时，孟加拉流行给每个文人定个位，与西方某个作家类比。比如，这位是孟加拉的拜伦，那位是爱默生，诸如此类。有些人把我比作孟加拉的雪莱。这对于雪莱简直是侮辱，只能让我成为笑柄。

我公认的绰号是"大舌头诗人"。我的成就微不足道，生活知识匮乏，诗歌和散文中的感情超过了本质内容，没有什么让人可以有信心加以称道的。我的着装和举止都很怪异：留着长发，刻意保持一种极为夸张的诗人做派。总之，我行为古怪，不像个平常过日子的人。

当时，阿克谢·萨卡先生已开始出版《新生》月刊，我有时会投稿。班吉姆先生刚停编了《孟加拉镜报》，正忙于宗教讨论，并为此开始出版《传道士》月刊。我投了一两首歌曲，还有一篇盛颂毗湿奴诗派抒情诗的论文。

从此，我就经常和班吉姆先生会面，他当时就住在巴巴尼·杜特街。我经常去拜访他，但谈话并不多。以当时的年纪，我只适合倾听，而不是讨论。我特别希望能够与他展开热烈的讨论，却缺乏自信，让我没有了谈话的力气。桑吉布先生有几次在那儿，斜倚在靠枕上。这场景让我开心，他很和蔼。他喜欢说话，听他说话也让人开心。读过他的散文作品的人，一定会留意到他的散文就像流水般轻盈欢快，他的谈话也是这样。没几个人具有这种谈话的天赋，而把这种谈话艺术地转化为作品的人，就更加少了。

这段时间，潘迪特·萨沙德哈尔开始出名了。我最初是从班吉姆先生那儿听说他的，要是我没记错的话，正是班吉姆先生把他推介给公众的。正统印度教徒，想要借助西方科学之力，恢复印度教的诚信，这种奇怪的做法很快就传遍全国。在这之前，通神教已经为这场运动进行了铺垫。班吉姆先生并未完全认可这一教派。他发表在《传道士》上解释印度教教义的文章，也看不出有萨沙德哈尔的影子——那是不可能的。

我那时正从与世隔绝的状态中走出来，这可以从我为这场争论所写的投稿中看出来：其中一些是讽刺诗，一些是滑稽剧，还有一些是给报纸的信。我开始走出多愁善感的领域，进入竞技场，严肃认真地挥拳。

在炽热的角斗中，我不巧和班吉姆先生发生了冲突。这段历史，记录于当时的《传道士》和《婆罗蒂》杂志上，这里就不重复了。在这场对立结束时，班吉姆先生给我写了封信，不幸的是我把那封信弄丢了。要是能把信在这里展示出来，读者就可以看到，班吉姆先生是如何大度地把这根不幸插曲之刺拔了出来。

第八部分

正如一棵幼苗，在周围一片黑暗时，

就会伸展肢体，仿佛踮着脚尖，要找到光明之路。

41.

蒸汽轮船

受到一份报纸广告的诱惑，我哥哥乔提仁德拉有天下午去了拍卖行，回来告诉我们，他花了七千卢比买了一艘废旧的钢船，只要配一台发动机和几间舱房，它就能成为一艘完整的蒸汽轮船了。

我哥哥肯定是认为，我们的同胞只会动舌头和笔，却连一家轮船公司都没有，简直是莫大的耻辱。我前面提过，他曾经试图为国家制造火柴，却没找到能让火柴划着的摩擦材料。他还想让动力织机转起来，但付出种种艰苦努力之后，只织出了一小块土布毛巾，然后织机就歇了。如今他想见到印度轮船行驶，就买了艘空壳的老旧轮船。后来，不仅要添置发动机和舱房，还搭上了损失和破产。但我们应该记住，他的付出导致的一切损失和苦难，都落在了他一个人身上，而获得的经验却留给了整个国家。诸如此类的不善计算、不善经营，在国内的商业领域泛滥成灾。然而，洪水来得猛也去得快，留下的肥沃淤泥却让土地增加了养分。当收获的季节到来时，不会再有人想起这些拓荒者，而那些活着时赌上一切而损失全部身家的人，死后也不会在意进一步损失——被人们遗忘。

　　一边是欧洲佛罗蒂拉公司，另一边是我哥哥乔仁提拉德自己一个人，这场商业船队之战是如何惨烈，库尔纳和巴里萨尔两地的居民至今还记得。在竞争压力下，轮船一艘艘地增加，亏损越来越大，而收入却日益减少，到最后连打印船票都不划算了。库尔纳和巴里萨尔之间的轮渡迎来了黄金时代，乘客们不仅坐船不花钱，还能免费享用甜点！后来我哥哥还组织了一群志愿者，举着旗子，唱着爱国歌曲，陪伴着乘客登上印度公司的渡轮。实在想不出还有什么更好的办法拉客，其他各种想法便纷至沓来。

爱国热情并不能影响数字，当热情的火焰伴随着爱国歌曲越燃越高时，三乘三还是稳稳地等于九，不过却是在资产负债表的亏损栏里。

不会经营的人，常被一种不幸所纠缠：他们自己就像一本打开的书，让人看得明明白白，却从不去学习他人的特点。而要意识到自己的这个弱点，则要花费他们一生的时间和所有的财力，从而再无机会从经验中获利。在乘客们享用免费的甜点时，船员们也看不出挨饿的样子。无论如何，我哥哥的最大收获是破产，而他十分勇敢地面对。

每天来自战争剧场的或胜或败的战报，让我们极度兴奋。有一天传来消息，"斯瓦德什"号渡轮撞在豪拉桥上沉没了。这最后的损失，让我哥哥彻底越过了资产底线，什么都没了，只得停止经营。

42.

丧亲

同时，死神出现在我们家里。之前，我从未面对过死亡。母亲去世时，我还很小。她病了很久，我们甚至不知道她的病是何时转为不治之症的。她一直和我们住在同一间屋子里，单独睡一张床。后来在她生病期间，我们把她送到船上沿河旅行了一次，回来后在内院的三楼为她单独准备了一个房间。

她去世的那大夜里，我们在楼下的房间里睡得很实。记不得是什么时辰，我们的老保姆哭喊着跑来："哎唷，小家伙们，一切都完了！"我的嫂嫂说了她，把她带开，不让我们在深夜受惊。老保姆的话让我迷迷糊糊醒来，觉得心里一沉，但又不明白究竟发生了什么。早上我们被告知了母亲的死讯，当时我并不明白那对我意味着什么。

我们走到阳台上，看见母亲被放在庭院里的一张床上，从她脸上看不出一点死亡的可怖。在那天的晨光中，死神的面容如同安静的睡眠一样可爱，并未让我们见到隔开生死的鸿沟。

直到她被抬出大门，我们跟着队伍去往火葬场，想到母亲再也不会从这道门回来，再也不会像往常那样坐在她习惯的地方处理家事时，我心中的悲恸才如雷雨闪过。白日殆尽，我们从火葬场回来，进入我们那条小巷时，我抬头望着三楼父亲的房间，看到他仍然一动不动地坐在前面的阳台上祷告。

家里最小的嫂嫂负责照顾我们这几个失去母亲的小孩子。她亲自过问我们的衣食住行，总让我们待在身边，让我们别因为失去母亲而太难过。活着的特性之一，便是能够愈合无法补救的，忘记无法代替的。在生命的早期，这种能力最为强大，任何打击都不会伤人太深，所有伤口都会愈合。因而，死神初次在我们头上投下的阴影，没有让我们陷于黑暗之中。它轻轻地来了又去了，只投下一道阴影。

在后来的日子里，我鲁莽地东游西逛。初春时节，我在棉布头巾角系上一束半开的茉莉花，温柔、圆润、细小的花蕾拂过我的前额，就像母亲的手指又触摸到我。

我清楚地意识到，留存于那些可爱指尖的温柔，和每日开放的茉莉花蕾的纯洁一模一样，无论我们知道与否，这种温柔在大地上无处不在。

二十四岁那年，我与死神的会面永生难忘，它的打击每一次都不断加重，令我的泪水长流不止。轻快的童年可以躲开沉重的灾难，随着年龄渐长，逃避渐难，我只能挺胸承受那全部的打击。

生命持续不断的喜悦和悲哀在行进中是否也会有缝隙，我不知道。我看不见未来，我已接受的现在的生活，就是我一切的一切。死神突然来临，瞬间在完美的织布上撕开个口子，让我彻底蒙了。身边的一切，树林、土地、河水、日月、星辰，和以前一样真实地留在那里；而曾经真实地在那里的人，我曾在生命中千百次与之身心相连的人，对我来说更为真实的人，转瞬就消失了，就像一个梦。当我环顾四周时，这一切是多么难以理解，又自相矛盾！我又该如何调和留在那里的与已经逝去的？

透过这个裂口展示给我的可怕黑暗，随着时间的推移，继续日日夜夜地吸引着我。我不时回来站在那里，凝视着，猜想在离去的地方会留下什么。我们无法让自己相信空虚，不存在的东西是不真实的。在什么都看不到的地方，我们总在努力寻找些什么。

身边的一切，树林、土地、河水、日月、星辰，
和以前一样真实地留在那里。

正如一棵幼苗，在周围一片黑暗时，就会伸展肢体，仿佛踮着脚尖，要找到光明之路。所以当死神突然用否定的黑暗笼罩住灵魂时，灵魂就会努力伸向确定的光明。当黑暗阻止我们寻找出路走出黑暗时，有哪种痛苦能与之相比呢？

然而，在这无法忍受的悲哀之中，喜悦的闪光似乎不时地在我心灵闪烁，让我非常惊讶。生命并非一成不变，这一想法像哀伤的潮水，帮我缓解了心情。我们并不是被永久关在牢固石墙里的囚犯——这想法总是不知不觉地在一闪而过的快乐中浮现出来。我所拥有的，不得不放手——这种失去的感觉让我苦恼——但同一时刻，我站在所获得的自由角度来看，伟大的平和也降临于我。

人世间生存的压力无处不在，因生命与死亡平衡，才没有把我们压垮。无法反抗的生命重压，不是我们必须忍受的——这一真理，那一天突然而奇妙地昭示于我。

随着世间对我的吸引力减弱，自然之美对于我有了更深的含义。死亡教会我在完美之时正确地理解世界，让我看见以死亡为背景的宇宙画面，让我感受到其中的魅力。

这时，我思想和行为上的占怪疾病又发作了。要我服从当时的时尚——似乎那是严肃真实的东西，让我禁不住发笑，根本没办法认真对待。我根本不会停下来考虑一下，其他人会怎么看我。我去时尚书店，身上只披一件粗布床单，光着脚穿一双拖鞋。不管天气冷热，干燥还是潮湿，我都睡在三楼外面的阳台上。在那里，我和星星彼此对视，最早迎接曙光。

这段时期和任何苦行的想法都无关，它更像是假日的狂欢。因为我发现手持笞杖的生命之校的校长不过是虚构的，从而让自己摆脱了那些微不足道的校规。要是我们在某一个晴朗的早上醒来，发现地心引力减少到只剩一点点，我们还会拘谨地在公路上行走吗？难道我们不会改变一下，从高楼上一跃而过？或者在遇到纪念碑时，不再麻烦地绕行，而是直接飞过去？当世俗的生活不再束缚我的双脚时，我再也无法固守习俗。

暗夜里，我独自一人待在黑暗的阳台上，如盲人般摸索着，想在死亡的黑石门上找到某种机关或记号。当曙光照亮我没挂蚊帐的睡床时，我睁眼醒来，感觉笼罩我的迷雾散开而变得透明起来。随着雾气消退，山河林木的景色浮现在眼前，露水打湿的尘世生命的画面，展现在我面前，焕然一新，无比美丽。

43.
雨季和秋天

按照印度历，每年是由不同的星宿统治的。我发现生命的每一阶段，某个季节会占据重要的地位。回顾童年，我最能回忆起下雨的日子。狂风暴雨淹没了阳台的地板，一排房门都关上了。佩莉——帮厨的老女佣，刚从市场回来，篮子里装满了蔬菜，吃力地蹚着泥水走着，浑身都湿透了。我会无缘无故地冲上阳台，来回奔跑。

我还想起一件事：当时我在学校，我们班是在柱廊上课，外侧挂着席子；浓云从下午就开始密集起来，遮住了天空；我们抬头望时，大雨倾泻而下，夹杂着轰隆隆的雷声，仿佛有个疯女人用闪电的指甲把天空彻底撕开；席子在狂风的吹打下哆哆嗦嗦，似乎要被吹进来；天黑压压的，我们几乎看不见书上的字。先生让我们合上了书本。我们不停地晃动耷拉着的腿，任凭暴风雨为我们欢闹吼叫。我的思绪即刻越过遥远的一望无际的荒野，童话里的王子从那里走过。

另外，我还记得斯拉万月[1]的深夜。淅沥的雨声，滴进我睡眠的间隙，在其中产生宁静的喜悦，比最深的睡眠还要深沉。中间醒来时，我祈祷早上能看见雨接着下，让小巷积满水，洗澡池里的水一直淹到最高那级台阶。

在我刚刚提到的那个年龄，坐在宝座上的无疑是秋季。阿斯温月[2]清澈透明，生命悠闲舒展。在镏金的秋日里，外面绿意盈盈，含露欲滴，映射着金辉。我在阳台上踱步，用乔吉亚调写了一首歌：

在晨光里，我不知我心所要的是什么。

秋天的日头升起，家里的钟敲了十二下，到中午了，曲调也变了。我心里依然盈满了音乐，无暇顾及工作或责任，我唱道：

_____

1　斯拉万月，印度历五月，公历七、八月之间，孟加拉雨季的高峰期。
2　阿斯温月，印度历六月，公历九、十月之间，孟加拉的长假期。

到了下午，
我躺在自己小房间里铺在地板上的白色的布上，
拿着画本想画画。

我的心啊，在这闲暇的时光里，

你和自己玩着怎样悠哉的游戏？

到了下午，我躺在自己小房间里铺在地板上的白色的布上，拿着画本想画画——绝不是费力寻求画之缪斯，而只是想画些什么玩玩。最重要的那部分都留在我心里了，没有一笔画在纸上。同时，明朗的秋日穿透加尔各答这间小屋的四壁，如同一只酒杯，斟满金黄的醇酒。

我不知道为什么，但那段时间我所有的日子，我所见的，仿佛都是透过秋日的这片天空——秋日为我催熟了诗歌，为农夫催熟了玉米；秋日为我悠闲的谷仓洒满了金辉；秋日如洪水般漫过我无忧无虑的心灵，以莫名的喜悦写出歌曲和故事。

我觉得童年的雨季和少年的秋天，二者最大的区别在于：前者是把我细密包裹的外界的自然，以它众多的剧团，以它五光十色的扮相，以它的音乐曲调，不停地逗着我；而在明亮的秋阳下持续产生的欢愉，则来自人的内心。云朵和阳光的游戏退入背景，而喜悦与悲哀的低语占据了心灵。我们的凝视赋予了秋日蔚蓝天空沉思的色彩，人类的渴求赋予了微风伤心的气息。

我的诗歌此时走到了人们的家门口。这里，不拘礼节的往来不被允许。门挨着门，屋套着屋。多少次，我们只扫了一眼窗口的灯光，便不得不退回来，只有宫内的管乐萦绕在我们耳中。

人心要以心相待，愿望和愿望要达成协议，要克服很多曲折障碍，才能实现给予和获取。生命之泉冲破了这些障碍，激荡起欢笑和泪水的浪花，欢快地在漩涡中回旋舞蹈。它要流向哪里，却无人知晓。

44.
升号与降号

《升号与降号》是一首小夜曲，来自人类居所前面的那条街，是想要敲门而入的请求——屋子是神秘的场所。

世界是甜蜜的——我不想死去。
我渴望居住在永生的人类生活里。

这是个人对宇宙生活的祈祷。

我第二次动身去往英格兰的时候，在船上认识了阿苏托什·乔德胡里。他刚获得加尔各答大学的文学硕士学位，要去往英格兰加入律师行业。从加尔各答到马德拉斯，我们一起在船上只共处了几天，但显而易见，友谊的深厚并不取决于相识时间的长短。短短几天，他简单自然的性格吸引了我，与他相识之前的长久空隙，似乎一下子被我们的友谊填满了。

阿苏托什从英格兰回来后，成为我们家的一员[1]。那时，他还没有时间或机会去突破障碍，深入他的职业，因此他尚未深陷其中。他客户的钱袋子里装满了金子，但绑绳还没松开，阿苏托什还在热心地从各个文学花园里采集蜂蜜。渗透他身心的文学精神，没有一丝图书馆摩洛哥皮革的霉味，而是充满了异国他乡的芬芳。春天的时候，他邀请我参加过许多次森林远足野餐。

他对法国文学具有独特的鉴赏力。我当时正在写一组诗，后来以《升号和降号》为题发表了。阿苏托什能够辨认出，我的许多首诗和他所知道的法语古诗的相似之处。按照他的说法，所有这些诗的共同要素，是尘世生活的游戏对诗人的吸引，这一点在每一首诗中都有不同的表达。要加入更大生活的愿望尚未得到满足，而这正是贯穿诗篇的根本动机。

"我会为你安排这些诗的出版。"阿苏托什说。因此这任务我就委托给了他。他认为开篇的那首诗《世界是甜蜜的》，是诗集的主旋律，因而把它放在了篇首。

---

[1] 指阿苏托什娶了作者的侄女普拉蒂巴。

阿苏托什很可能是对的。孩童时期，我被困在家里，只能一心一意地透过内院屋顶阳台围墙的空隙，凝望外面丰富多彩的自然世界。青年时期，人类世界同样对我产生了强烈的吸引力，而我那时仍是个局外人，仅从路旁观望而已。我的心站在河边，急切地挥舞着双手，大声呼喊，而船夫朝着对岸渐划渐远。生命渴望着开启它的旅程。

如果说特别孤立的社会环境妨碍了我融入世间生活，那是不对的。我的那些同胞毕生沉溺于社会，比我要深入得多，也没见他们有更亲密的感觉。我国的生活堤岸很高，它有阶梯，幽暗的河面上投下古树清凉的浓荫，在头顶浓密的枝叶中，杜鹃唱着令人陶醉的古老歌谣。然而它仍是一潭死水。水流在哪里？波浪在哪里？大海的高潮何时才能涌入？

那时，我是否从小巷对面的邻居那里，听到过凯歌的回响呢？河水随之涨落，一波接着一波，穿破石墙流向大海。没有！我孤寂的生活之所以苦闷，只因为没人邀请我去参加尘世生活节日的庆典。

如果一个人与世隔绝、浑浑噩噩地过着闲散舒适的生活，他会感到无比沮丧，会完全失去社会交往。我痛苦地竭力要摆脱的就是这种沮丧。我的心拒绝响应当时政治运动的廉价兴奋剂，它们似乎缺乏民主意识的一切力量，对国家一无所知，对祖国的真正服务极端漠视。我愤怒而缺乏耐心，饱受折磨，无法忍受对自己以及周围人的失望。我自言自语道：还不如做一名阿拉伯的贝都因人！

在世界的其他地方，追求自由生活的运动与狂欢从未停止过，而我们却像乞讨的少女，站在外面眼巴巴地看着。我们何时才能有钱把自己打扮一番，也参与进去呢？在我们的国度，分裂精神至高无上，无数的小障碍把人们分隔开来。人们渴望加入更广阔的人世生活的愿望，一直无法得到满足。

我在青年时期对人世也怀着这种渴望，就像我在童年时站在仆人用粉笔画的圈内，渴望进入外面的世界一样。它显得那么珍贵，那么遥远，那么难以获得！但假如我们接触不到它，没有风吹来，没有河水流来，没有路可以让旅人自由往来，那么在我们身边堆积起来的死物将无法清除，只能越堆越高，直到把所有的生命都闷死。

雨季时，只有乌云和大雨。秋天，天空中光影变幻，但这还不是最吸引人之处，田野里还有谷物丰收的希望。在我的诗歌生涯中，当雨季降临时，我只有狂风暴雨般

秋天，天空中光影变幻，
但这还不是最吸引人之处，
田野里还有谷物丰收的希望。

的空洞幻想，语调模糊，诗句狂野。而在我秋季的《升号与降号》里，不仅天空中有云朵般的游戏，田野上庄稼也在生长。在和现实世界的交往中，语言和韵律都尽量明晰，形式丰富。

就这样，我的又一本书结束了。内与外、亲与疏结合在一起的日子，都留在我的生命里。我的生命之旅，要通过人类的居所得以完成。善与恶，喜与悲，如此相遇，不应轻描淡写地作为图画来看待。成败与得失，冲突与联合，还在继续！

我无力揭开并展示那至高的艺术，我生命的"向导"引领我克服重重障碍、敌视和曲折，朝着最深意义的圆满前行。如果我不能说清楚这设计的全部神秘，那么无论我想表达什么，每一步都将被证明是误导。对图像的分析只能得到它的尘埃，而得不到艺术家的欢乐。

就这样，陪着我的读者们走到内心神殿的门口，我和你们告别。《升号与降号》是一首小夜曲，来自人类居所前面的那条街，是想要进去的请求——屋子是神秘的场所。

附录

诗人将有限的自我，

融入无垠的神性天空，

与万物一起呼吸振动。

译后记：诗歌的种子

1913 年，52 岁的泰戈尔因诗集《吉檀迦利》获得诺贝尔文学奖，成为第一位获此殊荣的东方作家。

1923 年，诺贝尔文学奖得主，爱尔兰著名诗人叶芝，这样评价泰戈尔的作品："我每天都读泰戈尔的诗，读他的一行诗就可以忘掉世上所有的烦恼。"

而在泰戈尔本人于 1912 年撰写的这部回忆录中，诗人以优美的语言生动描述了自己童年和青少年时期的成长经历。这些文字宛如一幅幅优美的画作，展示出诗歌的种子是怎样在诗人的心灵中发芽成长的。谈及这本回忆录的写作初衷时，泰戈尔这样写道：

> 在走进黄昏的客栈之前，我们回顾那些城市、田野、河流和山丘，那些我们在生命的清晨所经历的，在正在消逝的暮光中，它们的确是画作。所以，当我的机遇来临时，我全

神贯注地回顾往昔。

……

我所呈现的记忆画面，是文学材料。若认为我是在尝试写自传，那就错了。那样看待这些回忆，将毫无益处，也不完整。

在书中，泰戈尔用清新的笔触勾勒描绘出自己的家庭氛围、生活于其中的自然环境、所受的教育，以及留学英国的经历。这本书对生活和写作的回忆只到 24 岁，却细致入微地刻画出诗人的成长历程。

回忆童年，泰戈尔时常会想起"细雨绵绵，叶儿轻颤"的美妙韵律。那时的诗人就已经意识到诗歌为何需要韵律。文字在表述过后，只有韵律能让余音依然回响。在诗人一生的回忆里，细雨绵绵，叶儿轻颤，循环往复，周而复始。

除却韵律，古老神话也在诗人的童年中留下了快乐的印迹：

这位前教师发现了一个办法，能让我们在晚上安静下来。每天晚上，他把我们聚在一盏破蓖麻油灯周围，给我们读《罗摩衍那》和《摩诃婆罗多》中的故事。有些仆人也会过来一起听。油灯把巨大的影子投在房梁上，小小的壁虎在墙上逮虫子，外面阳台上的蝙蝠一圈圈地疯跳着托钵僧舞。我们张大嘴巴，静悄悄地听着。

如此细腻的画面让我们感动，仿佛我们就围坐在旁边，和泰戈尔一起沉浸于古代印度的故事和传奇当中。而后来仆人的严厉看管和枯燥的学校教育，则让泰戈尔在童年时期就成为了一名旁观者，也让他将注意力转向自然，充满感情地观察身边的人物和景致：

> 我就被放在靠近窗口的这一圈里，透过画着威尼斯风景的百叶窗，整天望着窗外的风景，仿佛在看一本画册。一大早，邻居们就一个接一个跳进水塘洗澡。我知道每个人来的时间，熟悉每个人的特定洗法。某个人会用手指堵住耳朵蹲进水里，蹲够一定的次数就走了。另一个不敢冒险全蹲进水里，只是反复用打湿的毛巾在头上擦拭。……这场景一直持续到午后。然后洗浴的场所就没人来了，变得安静。只有鸭群整天待在那儿，游来游去寻找水蜗牛，或是梳理羽毛。

小小的泰戈尔以宁静祥和的心态，从旁观者的角度欣赏着由邻居们上演的戏剧，窗外水塘倒映出的景致为他们搭建了绝佳的舞台。童年的泰戈尔不知不觉间从这一幕幕中体会到人与自然的关系，明了了季节和命运的节奏与轮回。关于儿时的观察与体验，泰戈尔后来写出这样的诗句：

> 缠绕的树根从你的枝上垂下来啊，古老的榕树，日日夜夜，你静静站立，像一位苦行者在忏悔。你还记得那个孩子吗？他的幻想与你的影子做着游戏。

泰戈尔从小就喜欢阅读，对家里收藏的文学书籍和各种期刊都爱不释手，在书中借助想象的翅膀，遨游于宇宙万物之间。而对于呆板而枯燥的家庭教师和学校的教育，泰戈尔也有很深的感触，他认为这样的教育是无效的，只会起反作用。对此，他形象地写道：

> 我们学物理时并没有和实际物理结合，所以这方面的知识只停留在书本上。实际上，我们的时间完全浪费了，尤其是对于我的心灵，还不如什么都不做。读《云游》对我们来说也不是件快乐的事。即使是最好吃的东西，要是扔到你头上，你也不会觉得好吃。

泰戈尔认为应该鼓励孩子依照自己的天性发展成长，如同溪流自然流淌，而不是要求孩子们在同一条标准的航道上发展。这与父亲对他的影响不无关系。

泰戈尔的父亲性格坚定，生活自律，笃信神明。11

岁那年，父亲曾带他到喜马拉雅山区旅行。途中，父亲鼓励泰戈尔到大自然中探险，指导泰戈尔阅读，还传授给他天文地理知识。而父亲对泰戈尔最大的影响，是信任他，支持他按照自己的理想追求内心的真理，让他自由选择自己的路。即使并不赞同，父亲也从未阻止过孩子们自己的想法和言行。

而贤惠善良的母亲，在得知泰戈尔跟父亲读过圣人瓦尔米纪的梵文韵律诗《罗摩衍那》后，惊喜万分，对泰戈尔说："给我读几段原文的《罗摩衍那》，读吧！"母亲对他总是这样温柔，并为他骄傲，却在泰戈尔 13 岁那年因病去世。回忆和母亲告别的场景，泰戈尔满怀深情的文字让我们感同身受。

同时，母亲的离世，让泰戈尔感受到世事的无常、人生的无奈。他把对母亲的思念，用充满感情的文字表达出来：

> 初春时节，我在棉布头巾角系上一束半开的茉莉花，温柔、圆润、细小的花蕾拂过我的前额，就像母亲的手指又触摸到我。我清楚地意识到，留存于那些可爱指尖的温柔，和每日开放的茉莉花蕾的纯洁一模一样，无论我们知道与否，这种温柔在大地上无处不在。

17岁那年，泰戈尔远赴英国留学，先是攻读法律，后转入伦敦大学研习文学和西方音乐。这段异域之旅让泰戈尔收获颇多，他用幽默风趣的文笔，描绘出东西方文化的差异。满怀对家乡和亲人的思念，泰戈尔继续他的诗歌写作。

对英国文学和西方音乐的研习，拓展了泰戈尔的写作视野。通过对比，泰戈尔更深入清晰地感知到印度文化和宗教自身的特色。两年后，泰戈尔回到印度，把主要的精力投入到文学创作当中。有一段时期，泰戈尔和外界没有交往，沉迷于自己的心灵冥想之中。这段时期对于泰戈尔诗歌风格的形成非常重要，他在回忆录中这样写道：

> 这般独处时，我不知怎的就从以前陷入的诗歌惯例中滑了出来——也许是因为和自己想去取悦的人隔断了。他们对诗的品位形成了一种模式，而我试图把自己的思想套进去；现在，我自然而然地获得了自由，摆脱了他们强加于我的风格。
> ……
> 我在无拘无束地写了一两首后，感到心里涌出极大的喜悦。"终于啊，"我在心里说道，"我写出自己的诗了！"

这段独处冥想的日子，在泰戈尔眼里，是他写作生涯极为值得纪念的时期。他第一次按照自己的喜好，写出了自己想写的作品。

在回忆录里，泰戈尔还详尽描述了他与数位挚友、导师的交往，呈现出当时印度社会的现实生活，以及西方文明和工业化进程所带来的改变。而对于印度文坛的描述，则让我们在更真实的背景下，了解了泰戈尔作为一名诗人的成长经历。

泰戈尔的这本回忆录，让我们看到诗歌的种子是如何在他幼小的心灵中萌芽，如何在家人的挚爱下得到滋养，如何在印度和英国文学的影响下生根的。诗人将有限的自我，融入无垠的神性天空，与万物一起呼吸振动。对诗艺和信仰的不懈追求，终于让泰戈尔成长为一名感动全世界的诗人，如同一颗璀璨的明星，同时照亮了东方和西方。

2023 年 7 月

在富有想象力的文学领域，

很少有作品有如此广泛的音符和色彩，

能够和谐而优雅地表达出每一种情绪，

从灵魂对永恒的渴望，

到天真孩童玩耍的快乐。

1913 年诺贝尔文学奖颁奖辞（节选）

　　在把诺贝尔文学奖授予英印诗人拉宾德拉纳特·泰戈尔之际，学院感到非常高兴，能够把这一荣誉授予这样一位作家。他在当年写出了最优秀的具有"理想主义"倾向的诗歌，符合阿尔弗雷德·诺贝尔生前遗嘱的要求。此外，经过详尽和认真的审议，学院认为他的这些诗歌最接近规定的标准，我们没有理由犹豫，尽管诗人的名字在欧洲仍然相对不为人知，而这仅仅是由于他的家乡遥远。而且诺贝尔奖的创始人明文规定，在颁奖时不应顾虑候选人的国籍，我们就更没有理由不把奖项颁给泰戈尔了。

　　泰戈尔的《吉檀迦利：献歌》（1912 年）是一部宗教诗集，他的这一部作品尤其引起了评论家们的注意。从去年开始，这本书真正而完全地属于英语文学了。作者是以印度文化接受教育和写作的，现在他给诗歌披上了一件新的外衣，在形式上同样完美，个人灵感方面也具有原创性。这使得英国、美国，乃至整个西方世界，凡是对高贵文学感兴趣的人，都能读到它们。泰戈尔完全独立于他的孟加拉诗歌知识，也不考虑宗教信仰、文学流派和党派目标的差异。他被各界誉为令人钦佩的孟加拉诗歌艺术新大师。自伊丽莎白女王时代以来，孟加拉诗歌艺术一直伴随着英国文明的扩张而不断发展。这部诗集的特色立刻赢得了热情赞赏，诗人将自己的理念与他所借鉴的内容完全融合为一个整体；他那节奏平衡的风格，引用一位英国评论家的话，是"将诗歌的女性优雅与散文的男性力量结合在一起"；他在遣词造句上被一些人称为古典主义的品位，以及他对所借用的语言表达元素的使用——简而言之，正是这些特点，使得一部作品成为具有独创性的作品；但同时，要用另一种语言将其再现，则变得更加困难。

而同样的评价，也适用于我们所读到的第二部诗集——《园丁集：爱与生命之歌》（1913 年）。然而，正如作者自己所指出的那样，在这部作品中，他重新塑造而不是解释了他早期的灵感。在这里，我们看到了他的人格的另一个阶段，有感于青春爱情的体验，他时而喜悦，时而痛苦，为生活变迁感到渴望与欢乐，而其间却夹杂着对更高世界的一瞥。

泰戈尔散文故事的英文译本以《孟加拉生活的一瞥》（1913年）为题出版。虽然这些故事的形式并不带有他自己的印记，而是由另一只手呈现，但它们的内容证明了他多才多艺，观察广泛，深切同情不同类型人们的命运和经历，也证明了他在情节构建和发展方面具有的才华。

此后，泰戈尔出版了一系列诗歌，诗意地描绘了童年和家庭生活，象征性地将其题为《新月集》（1913年）；他还为美国和英国大学听众发表了许多讲演，并结集成书，名为《萨达纳：生命的实现》（1913年）。作品体现了关于人类如何获得信仰的观点，在这种信仰的光芒下，人类有可能生活下去。正是对信仰与思想之间真正关系的探索，使得泰戈尔脱颖而出，成为一位极具天赋的诗人。泰戈尔的特点是思想深邃，但更重要的是他的感情温暖，语言形象动人。的确，在富有想象力的文学领域，很少有作品有如此广泛的音符和色彩，能够和谐而优雅地表达出每一种情绪，从灵魂对永恒的渴望，到天真孩童玩耍的快乐。

他的诗歌不是异域的，而是具有真正普遍的人类特性，未来我们可能会对其了解更深。然而，我们知道，诗人的动机在于努力调解两个极度分离的文明领域，这正是我们当今时代的特征标志，也构成了当今最重要的任务和问题。这项工作真正的精神，在全世界基督教宣教场所作的努力中，表现得最为清楚和纯粹。在未来，历史探究者将会知道如何更好地评价它的重要性和影响，虽然它目前隐匿在我们的视线之外，没有得到承认，或者说只得到了勉强的承认。毫无疑问，他们将在许多方面对它有更高的评价。由于这一运动，人们挖掘出鲜活的泉水，诗歌尤其可以从中获得灵感，尽管这些泉水可能与外来的溪流混合在一起，我们也许能回溯到它们真正的源头，或者会将其认定为源自梦境的深处。

……

1861 年，拉宾德拉纳特·泰戈尔出生在孟加拉，这是属印度最古老的省份，也是很多年前传教士先驱凯里（Carey）为推广基督教、改善当地语言而不懈努力的地方。泰戈尔出身于一个有名望的家庭，他的智慧在许多领域都有所展现。他童年和青年时成长的环境一点儿也不原始，并未束缚他对世界和生命的理解。相反，他的家庭除了对艺术有高度欣赏能力外，对本民族祖先的探究精神和智慧也极为尊崇，祖先的著作被用于家中虔诚的崇拜仪式之中。在他周围也形成了一种新的文学精神，即有意识地与人们接触，了解他们的生活需要。这种新的精神在大规模的印度兵变平息之后，随着改革的坚定实施而得到了有效的发挥。

拉宾德拉纳特的父亲是一个宗教团休的主要成员，也是最热心的成员之一，他的儿子也属于这个宗教团体。这个团体被称为"梵社"，它并不是古代印度的一个教派，目的是传播对某个特定神灵的崇拜，优于对所有其他神灵的崇拜。它是在19世纪早期由一个开明而有影响力的人建立的，他对基督教的教义印象深刻，曾在英国学习过基督教教义。他努力为从过去传下来的印度本土传统提供一种与他所设想的基督教信仰的精神和含义一致的解释。从那时起，在教义上一直存在普遍的争议，这与他和他的继承者对真理的解释有关，由此细分为一些独立的教派。这个团体还有个特点，它本质上吸引的是训练有素的知识分子，从一开始就阻止其公开追随者的数量大幅增长。然而，它的间接影响，甚至对大众教育和文学的发展，都被认为是非常可观的。近年来从这个团体成长起来的成员中，拉宾德拉纳特·泰戈尔的努力达到了卓越的程度。在他们看来，他是受人尊敬的大师和先知。在宗教生活和文学训练中，老师和学生之间所热切追求的那种亲密的相互作用，都得到了深刻、真挚和朴素的体现。

为了完成他一生的工作，泰戈尔学习了欧洲及印度各方面的文化，在国外旅行和在伦敦进修时，对这些文化的了解进一步扩展并成熟起来。年少时，他在自己的国家游历了很多地方，陪他的父亲一直旅行到喜马拉雅山。他在很年轻的时候就开始用孟加拉语写作，并尝试过散文、诗歌、歌词和戏剧。除了对自己国家普通人生活的描写外，他还介入了文学批评、哲学和社会学方面的问题。此前一段时间，他停下繁忙的活动，休息了一阵，因为他觉得有必要按照他的民族自古以来的惯例，在神圣的恒河的一条支流上，乘一只小船，过一段沉思的隐士生活。回到正常的生活后，作为一个高雅智慧和虔诚自制之人，他的名声在自己的人民中日益鹊起。他在西孟加拉的芒果树下建立了一所露天学校，培养了许多年轻人。他们作为虔诚的门徒，在这片土地上传播他的思想。他如今已从学校退休，之前曾是英国和美国文学界的座上宾，如此度过了近一年的时光，并参加了上个夏天（1913 年）在巴黎举行的宗教历史大会。

无论泰戈尔在什么地方遇到愿意接受他崇高教诲的人，人们都像接待一个带来好消息的人那样接待他，他用大家都能理解的语言，从东方宝库中带来好消息，而人们早已猜到了这宝库的存在。此外，他认为自己只是一个中介，无偿地给予他生来就能接触到的东西。他根本不急于以天才或新事物发明者的身份，在人们面前发光发热。对工作的狂热崇拜是西方世界封闭城市生活的产物，它培养了一种不安分的、有争议的精神。泰戈尔说，它为了获取利益而征服自然，"仿佛我们生活在一个充满敌意的世界里，在这个世界里，我们必须从一个不情愿的、陌生的事物安排中攫取我们想要的一切"。与所有这些令人疲惫的匆忙和混乱相反，他向我们展示了一种文化，这种文化在印度广袤、和平、神圣的森林中达到了它的完美，这种文化主要寻求灵魂的宁静和平，与自然本身的生命越来越和谐。泰戈尔在这里向我们展示的是一幅诗意的而不是历史的画面，以确认他的承诺：和平也在等待着我们。凭借与预言天赋密切相关的优势，他自由地描绘出他的创造性视野面前隐约出现的场景——时间初始时的样子。

然而，与我们中间的任何一个人一样，他远离那些我们通常听到的在市场上传播的所谓的东方哲学，远离那些关于灵魂轮回和客观因果报应的痛苦的梦，远离那些通常被认为是印度高级文明所特有的泛神论，实际上那是抽象的信仰。泰戈尔本人甚至并不承认对信仰的那种描述可以从任何先贤的深刻发言中获得权威性。他仔细研读《吠陀》赞美诗、《奥义书》，甚至佛陀本人的论点。他以这样一种方式，发现了对他来说无可辩驳的真理。如果说他在自然中寻求神性，那么他在那里发现了一个活生生的、具有全能特征的人格，一个包罗万象的自然之主，其超自然的精神力量同样显示在一切世俗的生命中，无论大小，尤其是在命定永恒之人的灵魂中。他把赞美、祈祷和热诚的奉献，放在这位无名之神的脚下。禁欲主义，甚至道德约束，似乎与他的那种对神的崇拜格格不入，他对神的崇拜可能是一种美学上的有神论。这种虔诚的描述与他的全部诗歌是完全一致的，给予了他平静。他为那些疲惫而忧虑的灵魂宣告和平的来临，甚至是在基督教世界的范围内。

如果我们愿意这样称呼它的话，这就是神秘主义，但不是那种神秘主义——即放弃个性、寻求全神贯注于接近虚无的"一"，而是一种把灵魂的所有才华和能力训练到最高境界的神秘主义，急切地出发去迎接创造万物的永生之父。在泰戈尔时代以前的印度，这种更为激烈的神秘主义也并非完全不为人所知，只是不在古代的苦行僧和哲学家中传播，……尽管泰戈尔可能从他的先辈们的管弦交响乐中借用了一两个音符，但在这个时代，他走在更坚实的大地上。这个时代把地球上的人民在和平的道路上拉得更近，在斗争的道路上拉得更近，共同

承担集体责任，并付出自己的精力向海外远方的人们致
以问候和美好祝愿。泰戈尔以引人深思的画面，向我们
展示了所有暂时的事物是如何被永恒淹没的：

> 你手里有无尽的时光，我的主人。没人能计数你的时间。
>
> 日夜穿梭，时代如花朵般开开落落。你知道如何等待。
>
> 你的世纪百年相连，让一朵小小的野花臻于完美。
>
> 我们没有时间可以失去，因为没有时间，我们必须力争
> 机会。我们太贫穷了，承担不起迟到。
>
> 因此，当我把它给予每一个急躁的、向我索要它的人时，
> 时间就流逝了，而让你的神坛最终空空如也。
>
> 日落时分，我忧心忡忡地匆匆赶来，怕你的门会关闭；
> 我却发现尚有时间。
>
> 《吉檀迦利》，第 82 首）

哈拉尔德·赫耶尔[1]

1913 年 12 月 10 日

斯德哥尔摩

---

[1] 哈拉尔德·赫耶尔，瑞典皇家科学院诺贝尔奖评审委员会主席。

这景象把人类生命的全部呐喊带到我的心前，

象征着人类喜悦与渴望的所有表达，

自人性之心升起，直达天空。

泰戈尔诺贝尔文学奖获奖致辞（节选）

  很高兴终于能够来到你们的国家，我想借此机会表达我对你们的感谢，谢谢你们认可我的作品，把诺贝尔奖颁发给我。

  我还记得那天下午，我在英国的出版商拍电报给我，说诺贝尔奖颁给了我。当时我正在圣地尼克坦学校里，你们应该知道那所学校。当时，我们正要去学校附近的森林参加聚会，路过邮电局时，有个人追上我们，手里举着那封电报。我当时没觉得电报有多重要，就随手放进口袋，心里想着到了目的地再读。但送信的人应该是知道内容的，他敦促我读一下，说内容很重要。我打开电报，读完后几乎不敢相信。起初我以为很可能是电报语言不太准确，我也许理解错了，但最后我确信了。你们可以理解，学校的孩子和老师有多么开心。让我最为感动的是这些孩子爱我，而我也深深地挚爱着他们。他们所敬爱的人得了奖，他们为这荣誉感到骄傲。由此，我意识到我的同胞会与我分享我所获得的荣誉。

那天下午就这样度过了。当夜色降临时，我独自坐在阳台上，自问是什么原因，让西方接受了我的诗并颁奖给我——尽管我属于另一个民族，与西方的孩子们远隔千山万水。我可以向你们保证，那不是洋洋自得的感觉，而是我于心内省，感到谦卑。

我记得我的生命之作，是如何从我很年轻的时候成长起来的。差不多二十五岁时，在孟加拉一座鲜为人知的村庄里，我住在恒河边上的一座船屋里，与世隔绝，孤独寂寞。秋天从喜马拉雅湖畔飞来的野鸭子，是我唯一活着的同伴。在那样的孤寂里，我似乎如酒水随着阳光一起流淌一样陶醉于广阔的空间，河流一直对我低语，告诉我大自然的秘密。我在孤寂中打发我的日子，梦想我的诗歌和研究，并打磨成形，通过杂志和报纸，把我的思想传递给加尔各答的公众。我不知道你们西方的诗人或作家，是否有人如此孤寂地度过年轻时的大部分时光。但我几乎可以确定，这般与世隔绝不会在西方无一席之地。

而我的生活便如此继续。在那些日子里，对于我的大多数同胞来说，我是个模糊的人物——我的意思是，在我自己的省之外，我的名字几乎无人知晓。但我非常满足于默默无名，保护自己不受大众好奇心的干扰。

后面有一段时间，我的内心感受到一种愿望，想走出那种孤寂，想为我的同胞做些事情，而不仅仅是造梦，深深冥想于生命的苦难，而是要尝试着通过为我的同胞做一些具体的工作，一些具体的服务，来表达我的想法。

我所想到的一件事情、一项工作，就是教育孩子。并不是因为我特别适合做这项教育工作，我自己并未从正常的教育中获益。有段时间，我犹豫是否要承担这个任务，但我觉得我深爱大自然，自然而然地，我也深爱孩童。我开办这所学校的目的，就是想把喜悦、生命、与大自然交流的全部自由，都赋予孩子们。我小的时候曾经口吃，很多孩子去学校上学，都有过这样的经历。我曾经被教育机器碾压，粉碎了生命的喜悦与自由，而孩童对此无限渴望。我的目标，就是要给人类儿童自由和喜悦。

我招收了几个孩子在身边，教育他们，努力让他们快乐。我就是他们的玩伴，和他们做伴，分享他们的生活，觉得自己就是群里最大的孩子。我们在这种自由的氛围中一起成长。

　　孩子们的活力和快乐，他们的话语和歌声，让空气中充满了喜悦，我每日在那儿啜饮。黄昏日落时分，我经常一个人独坐，凝望着绿荫覆盖的街道；寂静的午后，我可以清晰地听见孩子们的声音升入空中。在我听来，那些叫嚷，那些歌声，那些快乐的声音，就如同那些树木，是从大地之心长出的；就如同生命的喷泉，升向无垠天空的胸怀。这景象把人类生命的全部呐喊带到我的心前，象征着人类喜悦与渴望的所有表达，自人性之心升起，直达天空。我看到，我明白，我们作为成年儿童，也在把我们渴望的哭喊送达无限。我在心之心内感受到了它。

　　在这样的氛围和环境里，我写出了《吉檀迦利》中的那些诗，在印度午夜璀璨的星光下，我把诗唱给自己听。在清晨，在黄昏落日的余晖里，我写作这些歌曲，直到有一天，我强烈地感觉到要再走出来一次，去和大世界之心见面。

　　我能够看到，与快乐的孩子们待在一起，走出孤寂的生活，为我的同胞服务，只是我向一个更大的世界朝拜的序曲。

　　……

所以我走出来了。用孟加拉文写完《吉檀迦利》后，我把这些诗翻译成英文，一点儿都没想过要把它们出版—— 就我对英语的掌握来说，我没有足够的信心。但来到西方时，我把手稿带来了。如你们所知，当这些诗被放到英国公众面前时，那些之前有机会读到手稿的人肯定了这些诗。我被接受了，西方之心毫不迟疑地为我打开。

　　在我看来，这简直就是个奇迹，五十余年我远离各种活动，远离西方，却即刻被西方接纳为自己的诗人之一。我很惊讶，但又感觉到这也许有更深的含义。那些年我与世隔绝，与生命和西方精神隔离，这带来了一种更深的宁静平和，以及永恒的感觉，而这正是西方人所需要的情感——他们的生命过于活跃，在心之心内渴望平和，无限的平和。而我所契合之处，在于缪斯于我年轻时在恒河岸边绝对孤寂之中对我的训练。那些年的平和存于我的天性之中，因而我能把这平和取出，送给西方人，而西方人感动地接受了我的奉献。

　　我知道，我绝不可以把赞誉作为给予我个人的而接受。这是我心里的东方精神给予西方的。当西方的孩童在游戏中受伤，他们在饥饿难耐时，便把脸转向东方平和的母亲，人类灵性的东方母亲。难道他们不期待食物从她而来吗？疲惫之夜的歇息不也来自她吗？他们怎会失望呢？

我很幸运，在我来的那一刻，西方刚刚把脸转向东方寻求养分。因为我代表了东方，从西方朋友那里得到了奖赏。

我可以向你们承诺，你们给我的奖赏不会浪费于我自身。作为个人，我无权接受奖赏，所以我会为了他人使用这奖赏。我已把它捐给了我们东方学校的孩子和学生。它就如一粒种子，会被埋进土里，然后为了播种之人破土而出，为了他们的利益结出果实。我把从你们这里收到的这笔钱，用于建设和维持我最近成立的大学。在我看来，这所大学应该有西方的学生来读，会见他们东方的兄弟，一起工作，挖掘东方埋藏了多少个世纪的宝藏，了解东方的灵性资源，这些是全人类都需要的。

我提醒各位，印度文明在其辉煌时期，有过伟大的学院。当灯被点亮时，光不可能隐于短程之内，它是用来照亮全世界的。印度曾有过光辉灿烂的文明、智慧与财富。她不可能只用于自己的孩子。印度为人类所有的民族都热情地敞开过大门，中国人、日本人、波斯人——所有不同的民族都来过，都有机会获得印度最好的东西。她把所有时代最好的都奉献出来，给予了全人类，无私地奉献了出来。你们知道我们国家的传统，从不为了教育向学生收取任何学费，因为在印度，我们认为有知识的人有责任将知识传递给学生。不仅仅是学生来向老师学习，这也是老师必须完成的任务和使命，要把他所有的最好礼物，奉献给那些需要的人。这就是自我表达，把印度所存储的给出去，把她所拥有的最好的东西奉献出去，使其能够成为印度各省刚起步的大学的源泉。

我认为我们目前所承受的灾难，不是别的，正是晦暗隐居，我们错失了为人类奉献款待的机会，没有邀请世界分享我们拥有的最好的东西。一个多世纪以来，我们对自身的文明失去了信心，我们接触到西方民族，他们的物质优势超过了东方的人性，超过了东方的文化，我们的教育体制没有为自己的文化制定规则。一个多世纪以来，我们的学生对自己过去的文明一无所知。因而我们不仅失去了与隐藏于自己民族遗产中的宝贵财富的接触，也失去了无私奉献的伟大荣誉，而是仅向他人乞讨，仅借用别人的文化，一直活得像个小学生。

但时机已来临，我们绝不能浪费如此的机会。我们必须尽力而为，把我们所拥有的拿出来，而不是从一个世纪到另一个世纪，从一片土地到另一片土地，在别人面前展示我们的贫穷。我们知道自己应该对从祖先那里继承的引以为荣，这个奉献的机会不应被错过——不仅仅是为了我们的民族，还是为了全世界。

出于这个原因，我下定决心建立一所国际大学，西方和东方的学生可以在这里相会，一起分享共同的精神食粮盛宴。

我可以自豪地说，你们赋予我的奖励，已经为我心里的这一远大目标做出了贡献，这让我再一次来到西方。我来邀请你们参加盛宴，在远东等着你们。我希望我的邀请不要被拒绝。我拜访过欧洲不同的国家，受到了热情的欢迎。那份欢迎有其自身的含义，西方需要东方，正如东方需要西方，所以时代已经来临，他们应当相会。

我庆幸自己属于这个伟大的时代，庆幸自己为这个伟大的时代做了一些表述的工作，东方正与西方走到一起。他们相向而行，遇见彼此。他们都收到了邀请，彼此见面，携手共建新的文明，以及未来的伟大文化。

我确信，通过我的写作，一部分观点已传递给你们，即使通过翻译有些模糊。这些观点同时属于东方和西方，从东方出发，来到西方，并在此停歇，在此居住，受到欢迎，并为西方所接受。我非常幸运，能够在我的作品中阐释时代需求之声，我深深感谢你们所给予我的这个光荣的机会。我在瑞典所获得的认可将我和我的作品展示给西方公众，虽然我确信也会给我带来一些麻烦。它打破了我早已习惯的与世隔绝，而我一直习惯于孤独，尚未适应。当我站在西方人性的大广场上时，我的心会收紧。我尚未习惯接受你们赞赏的伟大礼物，以及你们所给予我的欣赏方式。站在你们面前，我感到羞愧——现在正是如此。但我只想说感谢神，是他给了我这伟大的机会，让我成为团结东方和西方之心的乐器。我必须尽力而为。东方和西方之间的憎恶之情一定要和解，我一定要做些什么，我创办大学的目的就在于此。

我不认为印度精神会拒绝任何事情，拒绝任何民族，拒绝任何文化。印度精神一直强调团结的理想。团结的理想从不拒绝任何事情、民族和文化。它理解一切，是我们精神努力的最高目标，从而能以灵魂穿透万物，按照万物本来的样子加以理解，在整个宇宙中不摈弃任何一样事物——以同情和爱理解万物。这就是印度精神。

……

在印度，我们有德拉威人、伊斯兰教徒、印度教徒，以及各类宗派和团体。因而，任何浅薄的政治结盟都无法吸引、满足我们，让我们感觉是真实的。我们必须更加深入，必须找到更深层的团结，各民族间的精神团结。我们必须更加深入到人类的精神，在所有民族间找到团结的伟大联结。为此，我们已做好准备。我们继承了祖先的不朽作品，那些伟大的作者宣扬团结和同情的宗教：他将万物作为自己看待，他将万物作为自己实现，他懂得真理。这需要再一次实现，不仅由东方的孩子，也要由西方的孩子实现。他们再次被提醒这些伟大不朽的真理。人类不该与其他民族、其他个人争斗，而应致力于带来和解与和平，重建友谊和爱之联系——我们不是争斗的野兽。唯我独尊的生命统治着我们的生活，它带来隔绝，产生痛苦、嫉妒、仇恨，造成政治和商业竞争。所有这些幻象都将消失，只要我们深入神殿之心，走向爱，走向所有民族的团结。

为了印度的这个伟大目标，我创办了这所大学。我请求你们，我现在有这个机会，邀请你们来加入我们，不是要把这所大学留给我们，而是要让你们自己的学生和有识之士来帮助我们，把它建成东方和西方共同的学院。希望他们能用生命做出贡献，希望我们共同实现它，使之成为人类世界不被分裂的代表。

我为此而来。我请求你们，以人类的团结之名，以爱之名，以神之名。请你们来吧，我邀请你们。

泰戈尔

1921 年 5 月 26 日

斯德哥尔摩

泰戈尔生平年表

1861年

出生

　　泰戈尔生于印度西孟加拉
省加尔各答。泰戈尔的文学修
养来自家庭熏陶。他生性自由,
厌恶刻板的学校生活,没有完
成学校的正规课程。

上图:加尔各答的城市盾徽。

右图:童年时期的泰戈尔。

1869—1876年

8—15岁

　　8岁开始写诗,15岁发表
长诗《野花》。

上图:青少年时期的泰戈尔。

1878 年

17 岁

发表叙事诗《诗人的故事》。

赴英留学，最初在伦敦大学学院学习法律，后离开学校转为独立学习英国文学，研究西方音乐。

上图：伦敦大学学院。

右图：青年泰戈尔。

1880 年

19 岁

回国，专门从事文学创作。

上图：泰戈尔在读书。

1881—1885 年

20—24 岁

　　出版抒情诗集《暮歌》《晨歌》《画与歌》。

上图：泰戈尔在写作。

1886—1890 年

25—29 岁

　　出版诗集《刚与柔》。
　　发表剧本《国王与王后》《牺牲》。

上图：泰戈尔在舞台演戏。

1891—1895 年

30—34 岁

发表游记《欧洲日记》。
发表《摩诃摩耶》等几十篇短篇小说。

1901 年

40 岁

为实现教育理想，在孟加拉博尔普尔附近的圣地尼克坦创办学校，后来该校发展为著名的印度国际大学。

上图：泰戈尔在自己创办的学校教书。

GITANJALI

(SONG OFFERINGS)

BY

RABINDRANATH TAGORE

A COLLECTION OF PROSE TRANSLATIONS
MADE BY THE AUTHOR FROM
THE ORIGINAL BENGALI

WITH AN INTRODUCTION BY
W. B. YEATS

MACMILLAN AND CO., LIMITED
ST. MARTIN'S STREET, LONDON
1913

1905 年

44 岁

　　印度民族解放运动进入高潮时期，泰戈尔写了大量爱国主义诗篇，与其他领袖发生分歧后，过着远离现实斗争的退隐生活，埋首于文学创作。

上图：泰戈尔在孟加拉国的故居。

1910—1913 年

49—52 岁

　　发表长篇小说《戈拉》。

　　孟加拉文诗集《吉檀迦利》出版。

　　《吉檀迦利》英译本出版。

　　泰戈尔成为亚洲首位获诺贝尔文学奖的作家。

上图：1913 年英文版《吉檀迦利》扉页。

My fancies are f...
speaks of li...
twinkling in...

The same voice mu...
in these...
which is born in w...
letting hasty...

The butterfly does not...
but moment's
and therefore has enough time.

1922—1926 年

61—65 岁

　　发表剧本《摩克多塔拉》《红夹竹桃》等。

上图：老年泰戈尔。

下图：左为爱因斯坦，右为泰戈尔。

1941 年 *8* 月 *7* 日

80 岁

　　泰戈尔在加尔各答祖宅里平静地离开人世。

　　成千上万的市民为他送葬。

上图：老年泰戈尔。

译者｜西蒙

　　诗人，译者。原名潘勇。生于北京，
从事诗歌创作与翻译工作已逾三十年。

　　代表译作泰戈尔诗集《吉檀迦利》、
泰戈尔自传《我的故事》、叶芝文论集《幻
象——生命的阐释》等。

代表作品

诗集

1955 年　《玻璃花园——超现实主义诗集》

2017 年　《玻璃花园：诗歌为意 摄影为境》

译著

1989 年　《史蒂文斯诗集》[美] 史蒂文斯（与水琴合译）

1990 年　《幻象——生命的阐释》[爱尔兰] 叶芝

2022 年　《吉檀迦利》[印] 泰戈尔
　　　　　（作家榜经典名著）

2023 年　《涉过忘川——庞德诗选》[美] 庞德（与水琴合译）

2024 年　《迁徙的花园——奥登诗 101 首》[英] 奥登（与水琴合译）

2024 年　《作家榜名人传：泰戈尔的故事》[印] 泰戈尔
　　　　　（作家榜经典名著）

作家榜®经典名著

★ ★ ★ ★ ★ ★ ★ ★ ★

读 经 典 名 著 ， 认 准 作 家 榜

作家榜是中国知名文化品牌，母公司大星文化总部位于中国上海市。自 2006 年创立至今，作家榜始终致力于"推广全球经典，促进全民阅读"，曾连续 13 年发布作家富豪榜系列榜单，源源不断将不同领域的写作者推向公众视野，引发海内外媒体对华语文学的空前关注。

旗下图书品牌"作家榜经典名著"，精选经典中的经典，由优秀诗人、作家、学者参与翻译，世界各地艺术家、插画师参与插图创作，策划发行了数百部有口皆碑、畅销全网的中外名著，成功助力无数中国家庭爱上阅读。如今，"集齐作家榜经典名著"已成为越来越多阅读爱好者的共同心愿。

作家榜除了让经典名著图书在新一代读者中流行起来，2023 年还推出了备受青睐的"作家榜文创"系列产品，通过持续创新让经典名著 IP 融入到人们的日常生活中。

名著就读作家榜
京东官方旗舰店

名著就读作家榜
天猫官方旗舰店

名著就读作家榜
当当官方旗舰店

名著就读作家榜
拼多多旗舰店

策　划 ｜ 作家榜®

出　品 ｜

出 品 人 ｜ 吴怀尧

产品经理 ｜ 王涵越

美术编辑 ｜ 高瑄苒

内文插图 ｜ ［俄］Anastasiya Novozhilova

封面设计 ｜ 李梦琳

特约印制 ｜ 吴怀舜

版权所有 ｜ 大星文化

官方电话 ｜ 021-60839180

名著就读作家榜
抖音扫码关注我

作家榜官方微博
经典好书免费送

下载好芳法课堂
跟着王芳学知识

图书在版编目（CIP）数据

泰戈尔的故事 / (印) 泰戈尔著；西蒙译. -- 杭州：
浙江文艺出版社, 2024.6（2024.6重印）
（作家榜名人传）
ISBN 978-7-5339-7604-0

Ⅰ.①泰… Ⅱ.①泰…②西… Ⅲ.①泰戈尔(
Tagore, Rabindranath 1861-1941)—生平事迹 Ⅳ.
①K833.515.6

中国国家版本馆CIP数据核字(2024)第093965号

责任编辑：汪心怡

 "作家榜"及其相关品牌标识是大星文化已注册
或注册中的商标。未经许可，不得擅用，侵权必究。

作家榜名人传：泰戈尔的故事

[印] 泰戈尔 著　　西蒙 译

全案策划

大星（上海）文化传媒有限公司

出版发行
浙江文艺出版社
杭州市环城北路177号15楼　邮编 310006
浙江省新华书店集团有限公司 经销
上海盛通时代印刷有限公司 印刷

2024年6月第1版　　2024年6月第2次印刷
889毫米×1194毫米　32开本　10.5印张
印数：15001-25000　字数：140千字
书号：ISBN 978-7-5339-7604-0
定价：56.00元

版权所有　侵权必究
（如有印装质量问题影响阅读，请联系021-60839180调换）